NÄHEN KOMPAKT

Baby-geschenke

Über **30** bezaubernde Projekte
zum Spielen, Kuscheln
und Verlieben

EIN BUCH DER
EDITION MICHAEL FISCHER

IMPRESSUM

Bibliografische Information der Deutschen Bibliothek.

Die Deutsche Bibliothek verzeichnet diese Publikation in der Deutschen Nationalbibliografie.

Detaillierte bibliografische Daten sind im Internet über http://www.dnb.de/ abrufbar.

Alle in diesem Buch veröffentlichten Abbildungen sind urheberrechtlich geschützt und dürfen nur mit ausdrücklicher schriftlicher Genehmigung des Verlags gewerblich genutzt werden. Eine Vervielfältigung oder Verbreitung der Inhalte des Buchs ist untersagt und wird zivil- und strafrechtlich verfolgt. Das gilt insbesondere für Vervielfältigungen, Übersetzungen, Mikroverfilmungen und die Einspeicherung und Verarbeitung in elektronischen Systemen.

Die Projekte aus diesem Buch sind nur für den persönlichen Gebrauch bestimmt oder als Spende an gemeinnützige Organisationen und Einrichtungen sowie als Ausstellungsstücke mit dem Vermerk auf den Urheber:

Design: © 2018 Edition Michael Fischer aus dem Buch „Babygeschenke".

Für die kommerzielle Verwendung der Vorlagen und fertiggestellten Projekte muss die Erlaubnis des Verlags vorliegen.

Die im Buch veröffentlichten Aussagen und Ratschläge wurden von Verfasser und Verlag sorgfältig erarbeitet und geprüft. Eine Garantie für das Gelingen kann jedoch nicht übernommen werden, ebenso ist die Haftung des Verfassers bzw. des Verlags und seiner Beauftragten für Personen-, Sach- und Vermögensschäden ausgeschlossen.

Bei der Verwendung im Unterricht ist auf dieses Buch hinzuweisen.

EIN BUCH DER EDITION MICHAEL FISCHER

1. Auflage 2018

© 2018 Edition Michael Fischer GmbH, Igling

Bildnachweis: Susanne Bochem (S. 57–61), Yvonne Jahnke (S. 66/67), Christin Pardun (S. 6–50, 54/55), Silke Weinsheimer (S. 56, 62), Lissi Wilbat (S. 71, 73), Patrick Wittmann (S. 52, 68, 70, 72)

Texte: Susanne Bochem (S. 56–65), Yvonne Jahnke (S. 66), Swantje Lindemann (S. 52, 68), Christin Pardun (S. 54), Lena Starke (S. 6–51), Lissi Wilbat (S. 70–73)

Redaktion und Lektorat: Katja Bode

ISBN 978-3-86355-865-9

Printed in Slovakia

www.emf-verlag.de

INHALT

6 ♥ RASSELKAMEL

8 ♥ SPIELUHR FUCHS

10 ♥ GREIFLING HASE

12 ♥ RASSELLÖWE

14 ♥ EULENRASSEL

16 ♥ ELEFANTENRASSEL

18 ♥ RASSELEIS

20 ♥ WÄRMENDE KATZE

22 ♥ SPIELUHR HERZ

24 ♥ GREIFLING MAUS

26 ♥ BIBERRASSEL

28 ♥ RASSELANKER

30 ♥ RASSELUKULELE

32 ♥ SÄGE UND SCHRAUBENDREHER

34 ♥ DINORASSEL

36 ♥ WOLKENRASSEL

38 ♥ RASSELMONSTER

40 ♥ RASSELSONNE

42 ♥ RAKETENRASSEL

44 ♥ RASSELREH

46 ♥ RASSELWAL

48 ♥ GREIFLING APFEL

50 ♥ KNISTERSTERN

52 ♥ KÖRNERKISSEN

54 ♥ WALL HANGING

56 ♥ SCHNULLERBAND

58 ♥ KNISTERMAUS

60 ♥ KÖRNERKATZE

62 ♥ WOLKENMOBILE

64 ♥ PATCHWORKDECKE

66 ♥ NAMENSKISSEN

68 ♥ BEISSKISSEN

70 ♥ WOLKENTUCH

72 ♥ SCHÜHCHEN

74 ♥ KOPIERVORLAGEN

Greifling Maus, S. 24

Wolkentuch, S. 70

Säge und Schraubendreher, S. 32

Wolkenmobile, S. 62

VORWORT

💙 Kinder sind das größte Glück! 💙

Umso mehr Freude bereitet es, die Kleinsten mit Selbstgenähtem zu beschenken. Ob zur Taufe, zur Geburt oder einfach für Zwischendurch. In diesem Buch finden Nähbegeisterte garantiert ein passendes Projekt.

Vom Beißring bis hin zu niedlichen Babyschühchen – zaubere aus wunderschönen Stoffen zuckersüße Modelle, die jedem Baby ein Lächeln ins Gesicht zaubern werden.

RASSELKAMEL

Maße 23 x 14 cm

💙 MATERIAL

- Frotteestoff in Beige, 23 × 20 cm
- Baumwollcord in Beige gepunktet, 23 × 20 cm
- 10 cm Baumwollkordel in Cremeweiß
- passendes Garn in Beige
- Klingelkugel (Ø ca. 2,5 cm) oder Rassel (Ø ca. 3,7 cm) oder Quietsche (Ø ca. 5 cm)
- Wendestab
- Trickmarker und Textilstift
- waschbare Füllwatte aus 100 % Baumwolle oder Polyester
- Kopiervorlage Rasselkamel von S. 74

💙 NÄHMASCHINENSTICHE

- enger Geradstich
- enger Zickzackstich

💙 ZUSCHNITT

- Aus dem Baumwollcord in Beige gepunktet: 1 × Kopiervorlage Rasselkamel Körper + NZ
- Aus dem Frotteestoff in Beige: 1 × Kopiervorlage Rasselkamel Körper + NZ (gegengleich)
- Übertrage das Auge mit dem Trickmarker auf den Stoff.

♥ LOS GEHT'S
---

1. Auge aufbringen
Nähe das Auge, das du zuvor mit einem Trickmarker übertragen hast, mit engem Zickzackstich auf den Baumwollcord oder male es mit einem Textilstift auf (siehe Markierung auf der Kopiervorlage).

2. Kordel positionieren
Mach einen Knoten in ein Ende der Baumwollkordel. Lege beide Schnittteile des Kamels rechts auf rechts aufeinander und positioniere die Baumwollkordel hinten mittig dazwischen. Der Knoten liegt innen, das offene Ende der Kordel liegt zwischen den Nahtzugaben. Stecke alles gut fest.

3. Schnittteile zusammennähen
Nähe nun mit dem Geradstich einmal außenherum. Nähe über die Kordel unbedingt mehrmals vor und zurück, damit sie sich später beim Spielen nicht lösen kann. Lass dabei am Bauch des Kamels (siehe Kopiervorlage) eine Wendeöffnung von ca. 4 cm.

4. Kamel wenden
Schneide alle Rundungen und Ecken ein bzw. ab und wende das Kamel mithilfe des Wendestabs. Arbeite alle Rundungen, besonders die Beine, mit dem Stab schön vorsichtig aus und bügle das Kamel anschließend vorsichtig auf der Cordstoff-Seite (evtl. mit Backpapier).

5. Kamel füllen
Fülle das Kamel durch die Wendeöffnung mit Füllwatte und Rassel, Klingel oder Quietsche und schließe dann die Wendeöffnung mit dem Leiterstich/Matratzenstich von Hand.

LEITERSTICH/MATRATZENSTICH
Dieser Stich eignet sich besonders zum Verschließen von Wendeöffnungen, da er fast nicht sichtbar ist. Bügle zunächst die Nahtzugabe zur linken Seite um und befestige das Garn an einem Ende der Wendeöffnung in einem Bügelfalz mit einem Doppelstich. Mache nun einen kleinen Stich in den gegenüberliegenden Bügelfalz und führe die Nadel ca. 0,3 cm im Falz entlang und wieder hinaus. Kehre dann wieder zum gegenüberliegenden Falz zurück und fahre so fort. Es entsteht ein Stich, der aussieht wie eine Leiter zwischen beiden Kanten. Ziehe den Faden an, so wird der Stich nahezu unsichtbar. Wenn du am Ende der Wendeöffnung angekommen bist, vernähst du das Fadenende (siehe Illustration).

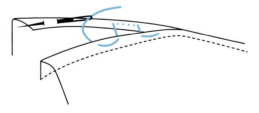

SPIELUHR FUCHS

Maße 19 × 20 cm

💙 MATERIAL

- Baumwollfleece in Cremeweiß, 50 × 25 cm
- Canvasstoff in Orange, 25 × 25 cm
- Vliesofix, 25 × 18 cm
- kleines Stück Filz in Dunkelbraun
- Spieluhr-Rohling (Melodie nach Wahl)
- Knopf (Ø 1 cm)
- 1–3 Holzperlen je nach Wunsch
- 20 cm Baumwollkordel in Cremeweiß
- passendes Garn in Cremeweiß und Dunkelbraun
- Trickmarker
- spitze Schere bzw. Nahttrenner
- Wendestab
- ein Stück Backpapier
- Füllwatte aus 100 % Baumwolle oder Polyester
- Kopiervorlage Spieluhr Fuchs von S. 75

💙 NÄHMASCHINENSTICHE

- enger Geradstich
- enger Zickzackstich
- Knopflochautomatik (alternativ: Knopflochstich)

💙 ZUSCHNITT

- Aus dem Baumwollfleece in Cremeweiß:
  1 × Kopiervorlage Fuchs Kopf + NZ
  1 × Kopiervorlage Fuchs Bart
- Die komplette Oberkante des Barts ohne NZ, den Rest mit NZ zuschneiden.

- Aus dem Canvasstoff in Orange:
  1 × Kopiervorlage Fuchs Kopf + NZ
- Aus dem dunkelbraunen Filz:
  1 × Kopiervorlage Fuchs Nase (ohne NZ)
  2 × Kopiervorlage Fuchs Ohr (ohne NZ)
- Aus dem Vliesofix:
  1 × Kopiervorlage Fuchs Bart (ohne NZ)

♥ LOS GEHT'S

1. Bart vorbereiten

Bügle das Vliesofix vorsichtig auf die Rückseite des Barts aus Baumwollfleece. Lege dazu den Bart mit der linken Seiten auf die klebende Seite des Vliesofix. Lege ein Backpapier oben auf die rechte, „schöne" Seite des Barts, da das Baumwollfleece sehr empfindlich ist und sonst die flauschige Oberseite beschädigt werden könnte. Bügle den Stoff etwa 20 Sekunden ohne Dampf mit Druck und lass ihn gut abkühlen.

2. Bart aufbringen

Entferne das Trägerpapier des Vliesofix auf der Rückseite und positioniere den Bart auf dem Kopfteil aus orangem Canvas. Lege auch hier wieder das Backpapier auf den flauschigen Baumwollfleece obenauf und bügle den Bart nun wieder ca. 20 Sekunden mit Druck und unbedingt ohne Dampf auf dem Canvas fest. Lass den Stoff dann abkühlen.

3. Bart feststeppen

Steppe nun die komplette Oberkante des Barts mit engem Zickzackstich und Garn in Cremeweiß am orangefarbenen Kopfteil fest.

4. Ohren und Nase aufbringen

Positioniere nun die Ohren aus braunem Filz als „Innen-ohr" auf der rechten Seite des Kopfteils aus orangem Canvas und die Nase mittig auf dem „V" des Barts (siehe Markierung auf der Kopiervorlage). Nutze auch hier evtl. Vliesofix. Steppe die drei Schnittteile mit knappkantigem Geradstich und dunkelbraunem Garn fest.

5. Augen aufbringen

Markiere nun die Augen gemäß der Markierung auf der Kopiervorlage mit dem Trickmarker auf dem creme-weißen Bart und nähe diese mit engem Zickzackstich in Dunkelbraun nach.

6. Spieluhr-Öffnung nähen

Markiere die Öffnung für die Spieluhr unten mittig ca. 3 cm über der Spitze des Bartteils (siehe Markierung auf der Kopiervorlage) und nähe mit der Knopfloch-automatik deiner Maschine ein Knopfloch für einen etwa 1 cm breiten Knopf. Spanne dafür den Knopf in den Knopflochfuß deiner Maschine ein. Lass das Knopfloch noch geschlossen.

7. Kopf zusammennähen

Lege die beiden Schnittteile des Kopfes rechts auf rechts aufeinander und positioniere die Kordel in einer Schlaufe mittig zwischen den Ohren. Die Schlaufe liegt innen, die offenen Enden liegen zwischen der Nahtzugabe und zeigen nach außen. Nähe nun mit engem Geradstich außenherum. Nähe mehrmals vor und zurück über die Kordel, damit sie sich später nicht lösen kann. Lass eine Wendeöffnung von mindestens 4 cm (je nach Größe der Spieluhr) an einer geraden Seite (siehe Markierung auf der Kopiervorlage) des Fuchses offen.

8. Fuchs wenden

Schneide alle Spitzen und Ecken ein bzw. ab und wende den Fuchs mithilfe des Wendestabs. Arbeite alle Ecken und Spitzen mit dem Stab vorsichtig aus.

9. Fuchs füllen

Öffne nun das Knopfloch mithilfe eines Nahttrenners oder einer spitzen Schere. Löse die „Aufziehperle" an der Kordel der Spieluhr und führe die Kordel von innen durch das Knopfloch. Ziehe die Holzperlen von außen auf die Kordel und verknote die Kordel wieder. Fülle den Fuchs nun mit Füllwatte und polstere die Spieluhr schön von allen Seiten. Schließe die Wendeöffnung anschließend mit dem Leiterstich/Matratzenstich (siehe S. 7) von Hand.

TIPP

Zieht sich die Kordel der Spieluhr zu weit in den Fuchs-mund hinein, mache in Schritt 9 einfach einen Knoten in die Kordel, an dem die Spieluhr stoppen soll.

GREIFLING HASE

Maße 13 × 15 cm

♥ MATERIAL
- Baumwollfleece in Rosa, 42 × 12 cm
- Baumwollfleece in Cremeweiß, 15 × 12 cm
- Knisterfolie oder handelsüblicher Bratenschlauch, 15 × 12 cm
- passendes Garn in Rosa
- Wendestab
- waschbare Füllwatte aus 100 % Baumwolle oder Polyester
- Kopiervorlage Greifling Hase von S. 76

♥ NÄHMASCHINENSTICHE
- enger Geradstich
- enger Zickzackstich

♥ ZUSCHNITT
- Aus dem Baumwollfleece in Rosa:
  2 × Kopiervorlage Hase Körper + NZ (gegengleich)
  2 × Kopiervorlage Hase Löffel (Ohr) + NZ (gegengleich)
- Aus dem Baumwollfleece in Cremeweiß:
  2 × Kopiervorlage Hase Löffel (Ohr) + NZ (gegengleich)
  2 × Kopiervorlage Hase Blume (Schwänzchen) + NZ (gegengleich)

TIPP
Achte bei diesem Hasen besonders darauf, dass du beim Nähen die engen Rundungen möglichst exakt nachnähst. Hebe dazu immer nach ca. 2–3 Stichen bei gesenkter Nadel (!) den Nähfuß an deiner Maschine und drehe den Stoff ein bisschen weiter, damit am Ende die enge Rundung zustandekommt.

♥ LOS GEHT'S

1. Ohren nähen

Lege je ein Schnittteil Löffel (Ohr) in Rosa und Weiß
rechts auf rechts aufeinander und je eine Lage Knisterfolie
auf eine der linken Seiten und stecke alles fest. Nähe
nun einmal mit dem Geradstich ringsum und lass dabei
eine Spitze als Wendeöffnung offen (ca. je 1 cm links und
rechts von der Spitze). Schneide die Ecken zurück. Wende
die Löffel (Ohren) vorsichtig mithilfe des Wendestabs.
Lege sie beiseite.

2. Schwänzchen nähen

Lege die beiden Schnittteile Blume (Schwänzchen) rechts
auf rechts aufeinander und nähe mit dem Geradstich
ringsum. Lass dabei die gerade Kante der Blume als Wendeöffnung offen. Schneide die Rundung ein und wende
die Blume (das Schwänzchen) mithilfe des Wendestabs.

3. Ohren und Schwänzchen positionieren

Lege nun die beiden Schnittteile Hase Körper rechts auf
rechts aufeinander. Positioniere die Löffel (Ohren) etwas
versetzt zwischen die Nahtzugabe am höchsten Punkt
des Kopfes (die weißen Innenseiten liegen aufeinander)
und den Schwanz am Hinterteil des Hasen (siehe Markierungen auf der Kopiervorlage). Die geschlossenen Seiten
liegen jeweils innen und die offenen Kanten/Spitzen
liegen zwischen den Nahtzugaben. Stecke alles gut fest.

4. Schnittteile zusammennähen und wenden

Nähe nun mit dem Geradstich einmal ringsum. Lass
dabei am Bauch eine Wendeöffnung von ca. 3–4 cm offen.
Schneide alle Rundungen und Ecken ein bzw. ab und
wende den Hasen vorsichtig mithilfe des Wendestabs.
Arbeite alle Rundungen, besonders die Beine und die Nase,
mit dem Stab schön vorsichtig aus.

5. Hasen füllen

Fülle den Hasen mit Füllwatte und schließe dann die
Wendeöffnung mit dem Leiterstich/Matratzenstich (siehe S. 7) von Hand.

RASSELLÖWE

Maße Ø 30 cm

♥ MATERIAL

- Frottee in Beige, 32 × 16 cm
- kleine Stücke Filz in Weiß, Schwarz und Braun (1–2 mm dick)
- je 1 m Baumwollkordel in Cremeweiß und Beige
- 1 m Baumwollband in Cremeweiß (ca. 1,5 cm breit)
- passendes Garn in Beige, Weiß, Schwarz und Braun
- Klingelkugel (Ø ca. 2,5 cm) oder Rassel (Ø ca. 3 cm)
- waschbare Füllwatte aus 100 % Baumwolle oder Polyester
- evtl. etwas Vliesofix
- Vlieseinlage (z. B. Vlieseline S 250), 16 × 16 cm
- Trickmarker
- Kopiervorlage Rasselöwe von S. 76

♥ NÄHMASCHINENSTICHE

- enger Geradstich
- enger Zickzackstich

♥ ZUSCHNITT

- Aus dem Frottee in Beige:
  2× Kopiervorlage Löwe Kopf + NZ (gegengleich)
- Aus dem weißen Filz:
  2× Kopiervorlage Löwe Auge (ohne NZ)
- Aus dem schwarzen Filz:
  2× Kopiervorlage Löwe Pupille (ohne NZ)
- Aus dem braunen Filz:
  1× Kopiervorlage Löwe Nase (ohne NZ)
- Aus der Vlieseinlage:
  1× Kopiervorlage Löwe Kopf + NZ
- Außerdem:
  8× 10 cm Baumwollkordel in Beige
  12× 10 cm Baumwollkordel in Cremeweiß
  8× 10 cm Baumwollband in Cremeweiß

♥ LOS GEHT'S

1. Augen und Nase aufbringen

Bügle die Vlieseinlage auf die gesamte linke Seite eines Schnittteils Löwe Kopf. Appliziere Augen und Nase auf der rechten Seite dieses Schnittteils (siehe Markierung auf der Kopiervorlage). Positioniere dazu erst die weißen Augen auf dem beigen Frottee. Stecke und steppe sie mit dem Geradstich und weißem Garn ringsum fest. Bei Bedarf appliziere zunächst mit Vliesofix. Verfahre genauso mit den Pupillen und der Nase. Nähe hier mit dem schwarzen bzw. braunen Garn.

2. Schnauze aufbringen

Markiere nun mit dem Trickmarker die Schnauze unterhalb der Nase (siehe Foto) und nähe die Markierung mit engem Zickzackstich und dem braunen Garn nach.

3. Kordeln und Bänder anbringen

Lege nun die beiden Schnittteile des Löwenkopfes rechts auf rechts aufeinander. Mache in jeweils ein Ende der zugeschnittenen Kordeln und Bänder einen Knoten. Positioniere die Kordeln und Bänder abwechselnd zwischen den Nahtzugaben des Kopfes einmal ringsum. Die Knoten liegen innen, die offenen Seiten zeigen nach außen. Stecke alles gut fest und nähe mit dem Geradstich

ringsum. Falls möglich, nähe mehrfach über die Kordeln vor und zurück, damit sich beim Spielen und Kuscheln nichts lösen kann. Lass an beliebiger Stelle eine Wendeöffnung von ca. 3–4 cm.
Achte darauf, dass sich dort keine Kordel befindet oder nähe an dieser Stelle die Kordel nur auf einer Seite der Nahtzugabe mit dem Geradstich fest.

4. Löwen wenden

Schneide die Nahtzugabe anschließend knapp zurück und wende den Löwen.

5. Löwen füllen

Fülle den Löwen mit Füllwatte und Rassel oder Klingel und schließe dann die Wendeöffnung mit dem Leiterstich/Matratzenstich (siehe S. 7) von Hand.

TIPP

Du kannst statt der Baumwollkordel auch verschiedene Webbänder in Schlaufen einnähen, so wird die Mähne des Löwen etwas bunter.

EULENRASSEL

Maße 26 × 19 cm

♥ MATERIAL

- Baumwollstoff in bunt gepunktet, 40 × 25 cm
- Biobaumwollstoff in Pink, 20 × 10 cm
- Biobaumwollstoff in Mint, 20 × 10 cm
- Knisterfolie oder handelsüblicher Braten-schlauch, 20 × 20 cm
- Filz in Schwarz, 20 × 6 cm
- Filz in Weiß, 15 × 8 cm
- passendes Garn in Pink, Mint, Weiß, Schwarz
- Klingelkugel (Ø ca. 2,5 cm) oder Rassel (Ø ca. 3,7 cm)
- Trickmarker
- Wendestab
- waschbare Füllwatte aus 100 % Baumwolle oder Polyester
- Vlieseinlage (z. B. Vlieseline S 250), 20 × 25 cm
- Kopiervorlage Eulenrassel S. 77 und 78

♥ NÄHMASCHINENSTICHE

- enger Geradstich
- enger Zickzackstich

♥ ZUSCHNITT

- Aus dem Baumwollstoff in Bunt gepunktet: 2 × Kopiervorlage Eulenrassel Körper + NZ (gegengleich)
- Aus dem Biobaumwollstoff Pink und Mint: 4 × Kopiervorlage Eulenrassel Flügel + NZ (je 2 × gegengleich)
- Aus dem schwarzen Filz: 1 × Kopiervorlage Eulenrassel Schnabel (ohne NZ) 2 × Kopiervorlage Eulenrassel Fuß (ohne NZ)

- Aus dem weißen Filz: 2 × Kopiervorlage Eulenrassel Auge (ohne NZ)
- Aus der Vlieseinlage: 1 × Kopiervorlage Eule Körper (ohne NZ)

Übertrage die Markierung der Wimpern mit dem Trickmarker auf den Filz.

♥ LOS GEHT'S

1. Schnabel aufbringen

Bügle die Vlieseinlage auf die gesamte linke Stoffseite eines der Schnittteile Eule Körper. Lege den Schnabel mittig auf die rechte Seite dieses Schnittteils des Eulenkörpers, stecke und nähe ihn knappkantig mit dem Geradstich und schwarzem Garn ringsum fest.

2. Augen aufbringen

Positioniere nun die Augen oberhalb der Mitte ziemlich eng nebeneinander darüber. Die Augen überlappen die oberen Ecken des Schnabels (siehe Kopiervorlage). Stecke alles gut fest und nähe knappkantig mit Geradstich und dem weißen Garn auch hier ringsherum.

3. Wimpern aufbringen

Nähe nun die Markierung der Wimpern mit dem Geradstich und schwarzem Garn auf den beiden Schnittteilen Auge nach. Nähe ruhig zweimal leicht versetzt über die Markierung, so bekommt die Naht eher einen handgestickten Charakter, oder sticke die Wimpern von Hand auf. Lege den Körper beiseite.

4. Pinken Flügel nähen

Lege die pinken Flügel rechts auf rechts aufeinander und lege noch eine Schicht Knisterfolie auf eine der linken Seiten. Stecke und nähe anschließend mit dem Geradstich und pinkem Garn ringsum. Lass dabei die gerade Kante des Flügels als Wendeöffnung offen. Schneide alle Rundungen und Ecken ein bzw. ab und wende den Flügel mithilfe des Wendestabs. Arbeite alle Rundungen mit dem Stab schön aus und bügle den Flügel vorsichtig.

5. Mintfarbenen Flügel nähen

Verfahre genauso mit dem mintfarbenen Flügel.

6. Schnittteile zusammennähen

Lege die beiden Schnittteile des Körpers rechts auf rechts aufeinander und positioniere die Flügel und die beiden Füße zwischen den Nahtzugaben. Die Flügel sitzen rechts und links oben direkt unter den „Ohren" und die Füße unten dicht nebeneinander (siehe Markierung auf der Kopiervorlage). Die geraden Kanten der jeweiligen Teile zeigen nach außen. Stecke und nähe nun alles mit engem Geradstich fest. Nähe mehrfach vor und zurück über die Flügel und die Füße, damit sich später nichts lösen kann, und lass an einer Seite zwischen Flügel und Fuß eine Wendeöffnung von ca. 4 cm offen.

7. Eule wenden

Schneide alle Rundungen und Ecken ein bzw. ab und wende die Eule mithilfe des Wendestabs. Arbeite alle Ecken und Rundungen mit dem Stab vorsichtig aus und bügle die Eule.

8. Eule füllen

Fülle die Eule nun mit Füllwatte und Rassel oder Klingelkugel und schließe die Wendeöffnung dann mit dem Leiterstich/Matratzenstich (siehe S. 7) von Hand.

TIPP

Probiere hier verschiedene Farben und Muster aus. Da die Eule recht klein ist, verwende lieber kleingemusterte Stoffe, sonst kommt das Muster nicht so zur Geltung. Du kannst der Eule statt Wimpern auch Pupillen aufnähen. Diese findest du z. B. bei den Kopiervorlagen der Monster.

ELEFANTENRASSEL

Maße 37 × 20 cm

♥ MATERIAL

- Baumwollcord in Senfgelb, 60 × 25 cm
- Baumwollstoff mit Rautenmuster in Schwarz-Weiß, 45 × 12 cm
- 15 cm Baumwollkordel in Schwarz
- kleines Stück schwarzer Filz für die Augen
- Klingelkugel (Ø ca. 2,5 cm) oder Rassel (Ø ca. 3,7 cm) oder Quietsche (Ø ca. 5 cm)
- Knisterfolie oder handelsüblicher Bratenschlauch, 25 × 12 cm
- Wendestab
- Trickmarker
- waschbare Füllwatte aus 100 % Baumwolle oder Polyester
- Kopiervorlage Elefantenrassel von S. 78 (auf 200 % vergrößern)

♥ NÄHMASCHINENSTICHE

- enger Geradstich
- Geradstich mit Zwillingsnadel
- Overlockstich (alternativ: enger Zickzackstich)

♥ ZUSCHNITT

- Aus dem Baumwollcord in Senfgelb: 2 × Kopiervorlage Elefant Körper + NZ (gegengleich)
- Aus dem Baumwollstoff in Schwarz-Weiß: 4 × Kopiervorlage Elefant Ohr + NZ (je 2 × gegengleich)
- Aus dem schwarzen Filz: 2 × Kopiervorlage Elefant Auge (ohne NZ)

TIPP

Experimentiere mit Farben und Materialien. Alles aus Baumwolle ist hier erlaubt. Oder verwende die Augen des Dinos. Das gibt dem Elefanten einen ganz anderen Stil.

♥ LOS GEHT'S

1. Ohren vorbereiten
Lege je zwei Ohren rechts auf rechts aufeinander und positioniere jeweils eine Hälfte der Knisterfolie auf einer der linken Seiten. Stecke alles fest.

2. Ohren nähen
Nähe die Ohren jeweils einmal ringsum mit engem Geradstich fest. Lass die kleine gerade Seite als Wendeöffnung offen. Schneide alle Rundungen ein, wende die Ohren anschließend vorsichtig mithilfe des Wendestabs und bügle sie.

3. Ohren schließen
Schließe anschließend die Wendeöffnung der Ohren jeweils mit dem Overlockstich deiner Maschine (alternativ: enger Zickzackstich).

4. Ohren annähen
Falte die soeben versäuberte Kante mit dem Overlockstich nach hinten ca. 1 cm ein (ggf. bügeln) und stecke je ein Ohr mittig auf den Schnittteilen des Elefantenkörpers fest (siehe Markierung auf der Kopiervorlage). Nähe mit der Zwillingsnadel und dem Geradstich einmal von oben nach unten über den umgeknickten Ohransatz, sodass die nach hinten gefaltete Overlocknaht möglichst zwischen den beiden Nähten der Zwillingsnaht verschwindet. Alternativ kannst du den Ohransatz auch mit einer einzelnen Nadel und je zwei möglichst parallel laufenden Nähten feststeppen.

5. Augen aufbringen
Stecke nun die Augen jeweils auf einem Schnittteil des Elefantenkörpers fest (siehe Markierung auf der Kopiervorlage) und steppe sie mit dem Geradstich kreuzförmig

fest, indem du einmal von oben nach unten und einmal von rechts nach links über das Auge nähst.

6. Schnittteile zusammenstecken
Füge nun den Elefanten zusammen. Lege beide Körper-Schnittteile mit Augen und Ohren rechts auf rechts. Mache einen Knoten in ein Ende der schwarzen Kordel und positioniere sie hinten mittig zwischen dem Elefanten. Der Knoten zeigt nach innen, das offene Ende liegt zwischen beiden Nahtzugaben. Stecke alles gut fest.

7. Schnittteile zusammennähen
Nähe nun mit dem Geradstich einmal ringsum und lass eine Wendeöffnung von ca. 4 cm am Hinterbein unterhalb der Kordel.

8. Elefanten wenden
Schneide alle Rundungen und Ecken ein bzw. ab und wende den Elefanten mithilfe des Wendestabs. Arbeite alle Rundungen und Ecken vorsichtig aus und bügle den Elefanten anschließend.

9. Elefanten füllen
Fülle den Elefanten mit Füllwatte und Rassel, Klingel oder Quietsche und schließe dann die Wendeöffnung mit dem Leiterstich/Matratzenstich (siehe S. 7) von Hand.

RASSELEIS

Maße ca. 6 × 12 cm

♥ NÄHMASCHINENSTICHE
- enger Geradstich
- enger Zickzackstich

♥ MATERIAL (FÜR BEIDE MODELLE)
- Baumwollstoff in Beige-Weiß kariert (Variante: Beige gepunktet), 16 × 12 cm
- Baumwollstoff in Pink gepunktet (Variante: Gelb gepunktet, Streuselstoff), 20 × 8 cm
- ca. 16 cm Zackenlitze in Gelb (Variante: Pink)
- für die Variante mit Streuselsahne-Topping: Streuselstoff, 10 × 5 cm
- Kopiervorlage Rasseleis von S. 79

♥ MATERIAL (JE EIS AM STIEL)
- Baumwollstoff in Weiß mit Streuseln (Variante: Hellblau mit großen Punkten), 18 × 12 cm
- Baumwollstoff in Pink gepunktet, 18 × 7 cm
- Baumwollstoff in Gelb gepunktet (Variante: Beige gepunktet), 10 × 6 cm

♥ ZUSCHNITT
- Aus dem Baumwollstoff in Weiß mit Streuseln: 2× Kopiervorlage Eis am Stiel + NZ (gegengleich)
- Aus dem Baumwollstoff in Pink gepunktet: 2× Kopiervorlage Eis Topping B

Hinweis: An der oberen Kante eine NZ hinzufügen (siehe Markierung).

- Aus dem Baumwollstoff in Gelb gepunktet: 2× Kopiervorlage Stiel + NZ (gegengleich)

♥ MATERIAL (JE EISHÖRNCHEN)
- Baumwollstoff in Beige-Weiß kariert (Variante: Beige gepunktet), 16 × 12 cm
- Baumwollstoff in Pink gepunktet (Variante: Gelb gepunktet, Streuselstoff), 20 × 8 cm
- ca. 16 cm Zackenlitze in Gelb (alternativ: Pink)
- für die Variante mit Streuselsahne-Topping: Streuselstoff, 10 × 5 cm
- waschbare Füllwatte aus 100 % Baumwolle oder Polyester
- Klingelkugel (Ø ca. 2 cm)

♥ ZUSCHNITT
- Aus dem Baumwollstoff in Beige-Weiß kariert: 2× Kopiervorlage Eis Waffel + NZ (gegengleich)
- Aus dem Baumwollstoff in Pink gepunktet: 2× Kopiervorlage Eis Kugel A + NZ (gegengleich)

♥ LOS GEHT'S: EISHÖRNCHEN

1. Schnittteile zusammennähen
Lege je ein Schnittteil Waffel und ein Schnittteil Kugel A rechts auf rechts aufeinander, stecke alles fest und nähe die beiden Schnittteile entlang der geraden Kante mit dem Geradstich zusammen. Verfahre genauso mit der zweiten Hälfte des Eishörnchens.

2. Zackenlitze aufbringen
Appliziere nun die Zackenlitze. Teile dazu die Zackenlitze in zwei gleich lange Stücke und stecke je eine Hälfte auf die Naht zwischen Kugel und Waffel. Stecke die Zackenlitze fest und nähe mit dem Geradstich mittig über die Zackenlitze.

3. Eis zusammennähen und wenden
Lege nun die beiden Hälften des Eishörnchens rechts auf rechts aufeinander und stecke sie fest. Achte dabei dar-

auf, dass die Zackenlitze an den Kanten genau aufeinander liegt. Nähe mit dem Geradstich ringsum und lasse auf einer Seite der Waffel eine Wendeöffnung von ca. 4 cm. Schneide die Spitze und die Rundungen ab bzw. ein und wende das Eishörnchen mithilfe des Wendestabs. Arbeite die Spitze der Waffel vorsichtig aus.

4. Eishörnchen füllen
Bügle und fülle das Eishörnchen mit Füllwatte und einer Klingelkugel und schließe die Wendeöffnung anschließend mit dem Leiterstich/Matratzenstich (siehe S. 7) von Hand. Fertig ist die Schleckerei.

♥ LOS GEHT'S: EIS AM STIEL

1. Schnittteile zusammennähen
Lege je ein Schnittteil Eis am Stiel und ein Schnittteil Eis Stiel rechts auf rechts aufeinander. Stecke es fest und nähe beides an der Verbindungsnaht mit dem Geradstich zusammen.

2. Topping aufbringen
Appliziere nun je ein Schnittteil Eis Topping B auf dem Eis am Stiel. Verwende hierbei Vliesofix und steppe anschließend die Unterkante mit einem engen Zickzackstich auf dem Eis fest.

3. Eis zusammennähen und wenden
Lege nun beide Hälften des Eises rechts auf rechts aufeinander und stecke sie fest. Nähe mit dem Geradstich ringsum und lass auf einer Seite des Eises eine Wendeöffnung von ca. 4 cm. Schneide Ecken und Rundungen

ab bzw. ein und wende das Eis. Arbeite mit dem Wendestab alle Ecken und Rundungen schön aus.

4. Eis am Stiel füllen
Bügle und fülle nun das Eis am Stiel mit Füllwatte und Klingelkugel und schließe die Wendeöffnung dann mit dem Leiterstich/Matratzenstich.

TIPP
Du kannst hier jeden Baumwollstoff verwenden, der deiner Meinung nach eine tolle Eissorte sein könnte. Stoffreste finden dabei z. B. noch eine wundervolle Verwendung.

WÄRMENDE KATZE

Maße 14 × 12 cm

♥ MATERIAL

- Baumwollfrottee in Cremeweiß (Variante: Wollstoff in Mintgrün), 40 × 15 cm
- Filz in Grau oder Cremeweiß, 8 × 8 cm
- passendes Garn in Cremeweiß, Mintgrün und Grau
- Trickmarker
- Wendestab
- ca. 100 g Biodinkel (speziell entstaubt und erhitzt für Wärmekissen)
- Esslöffel und Trichter zum Befüllen
- Vlieseinlage (z. B. Vlieseline S 250), 20 × 15 cm
- Kopiervorlage Wärmende Katze von S. 80

♥ NÄHMASCHINENSTICHE

- enger Geradstich
- enger Zickzackstich

♥ ZUSCHNITT

- Aus dem Baumwollfrottee (oder Wollstoff): 2 × Kopiervorlage Wärmende Katze Kopf + NZ (gegengleich)
- Aus dem grauen (oder cremeweißen) Filz: 1 × Kopiervorlage Wärmende Katze Stirn (Schneide die Stirn nur mit NZ an der Oberkante, da diese später in der Naht mit eingefasst wird. Die anderen drei Seiten werden ohne NZ appliziert.)
- Aus der Vlieseline: 1 × Kopiervorlage Wärmende Katze Kopf (ohne NZ) Übertrage die Markierungen für Stirnansatz, Augen und Schnauze mit dem Trickmarker auf den Stoff.

TIPP

Probiere die Katze doch auch mal aus bunter Baumwolle oder mit einer anderen Körnerfüllung aus. Möchtest du die Dinkelkatze gerne jemand „Großem" schenken? Kein Problem! Kopiere die Katze auf 150 % und fülle sie mit Kirschkernen.

♥ LOS GEHT'S

1. Schnittteile zusammennähen

Bügle die Vlieseinlage auf die gesamte Rückseite eines Schnittteils Wärmende Katze Kopf. Stecke anschließend die Stirn aus Filz auf diese Seite des Kopfes aus Baumwollfrottee fest. Nähe sie mit einem engen Zickzackstich und grauem Garn an den Seiten und der Unterkante fest. Die Oberkante wird später beim Zusammennähen mit eingefasst. Verwende dazu das schwarze Garn.

2. Augen aufbringen

Zeichne Augen und Nase mit dem Trickmarker auf das Gesicht (siehe Markierung auf der Kopiervorlage) und nähe die Linien mit engem Zickzackstich nach.

3. Katze zusammennähen

Lege nun die beiden Teile des Kopfs rechts auf rechts aufeinander und stecke alles fest. Nähe mit engem Geradstich einmal ringsum. Lass dabei am Kinn der Katze eine Wendeöffnung von ca. 3 cm frei (siehe Markierung auf der Kopiervorlage).

4. Katze wenden

Schneide die Ecken und Rundungen ab bzw. ein und wende die Katze. Arbeite die Ohren mithilfe des Wendestabs schön aus.

5. Katze füllen

Fülle die Katze durch die Wendeöffnung, am besten mit einem Trichter und einem Esslöffel. Fülle nicht zu viel Dinkel ein, damit die Katze auf Babys Bauch nicht zu schwer ist.

6. Wendeöffnung schließen

Schließe dann die Wendeöffnung mit dem Leiterstich/Matratzenstich (siehe S. 7) von Hand.

SPIELUHR HERZ

Maße 19 × 15 cm

💙 MATERIAL

- Baumwollstoff in Rosa geblümt, 50 × 21 cm
- 20 cm Baumwollkordel in Beige
- passendes Garn in Rosa
- Spieluhr-Rohling (Melodie nach Wahl)
- Knopf (Ø 1 cm)
- evtl. 1–3 Holzperlen unbehandelt
- Wendestab
- Nahttrenner oder spitze Schere
- Füllwatte aus 100 % Baumwolle oder Polyester
- Kopiervorlage Spieluhr Herz von S. 80

💙 NÄHMASCHINENSTICH

- enger Geradstich

💙 ZUSCHNITT

- Aus dem Baumwollstoff in Rosa geblümt:
  2× Kopiervorlage Herz groß + NZ (gegengleich)

TIPP

Ist dir das einfache Herz zu schlicht? Appliziere doch das kleine Herz (siehe Kopiervorlage) aus Baumwollplüsch oder aus Cord, vielleicht mit einem Namen und Geburtsdatum daraufgestickt, auf die Front des großen Herzes. Schon ist deine Spieluhr zum Verschenken ganz individuell.

♥ LOS GEHT'S

1. Spieluhr-Öffnung nähen

Nähe mit dem Knopflochstich oder der Knopfloch-automatik deiner Maschine ein Knopfloch in die untere Mitte eines der beiden Schnittteile (ca. 2,5 cm von der unteren Spitze). Dafür spannst du den Knopf in den Knopflochfuß deiner Maschine ein. Lasse das Knopfloch noch geschlossen.

2. Herz zusammennähen

Lege beide Schnittteile des Herzens rechts auf rechts aufeinander und positioniere die Baumwollkordel in einer Schlaufe an der oberen Mitte dazwischen. Die Schlaufe liegt innen, die offenen Enden der Kordel zeigen zur Naht. Stecke alles gut fest und nähe anschließend mit dem Geradstich einmal rundum. Nähe mehrfach vor und zurück über die Kordel, damit sich später nichts lösen kann. Lass dabei eine Wendeöffnung von ca. 4 cm an einer geraden Seite des Herzens offen.

3. Herz wenden

Schneide alle Rundungen und Ecken ab bzw. ein und wende das Herz mithilfe des Wendestabs. Arbeite alle Rundungen und Ecken mit dem Stab schön vorsichtig aus und bügle das Herz anschließend.

4. Herz füllen

Öffne nun das Knopfloch vorsichtig mit einem Naht-trenner oder einer spitzen Schere. Fülle das Herz mit Füll-watte und füge die Spieluhr mittig ein, sodass sie von allen Seiten schön gepolstert ist. Löse dazu den Knoten in der Schnur der Spieluhr und nimm die „Aufziehperle" ab, stecke die Schnur von innen durch das Knopfloch und knote anschließend die Perle außen wieder fest, oder ersetze sie durch eine oder mehrere Holzperlen. Schließe dann die Wendeöffnung mit dem Leiterstich/ Matratzenstich (siehe S. 7) von Hand.

GREIFLING MAUS

💙 MATERIAL

- Baumwollfleece in Hellgrau, 34 × 15 cm
- kleines Stück schwarzer Filz (für das Ohr und die Nase)
- 10 cm Baumwollkordel in Grau
- Klingelkugel (Ø ca. 2,5 cm)
- passendes Garn in Hellgrau und Schwarz
- Wendestab
- waschbare Füllwatte aus 100 % Baumwolle oder Polyester
- Trickmarker
- Kopiervorlage Greifling Maus von S. 81

💙 NÄHMASCHINENSTICHE

- enger Geradstich
- enger Zickzackstich

💙 ZUSCHNITT

- Aus dem Baumwollfleece in Hellgrau:
  2 × Kopiervorlage Maus Körper + NZ (gegengleich)
  Übertrage die Markierung für den inneren Ring mit einem Trickmarker auf die linke Seite der Maus.
- Aus dem schwarzen Filz:
  1 × Kopiervorlage Maus Innenohr (ohne NZ)
  1 × Kopiervorlage Maus Nase (ohne NZ)

Maße 18 × 8 cm

TIPP

Du kannst auch eine „Knister-Maus" nähen. Lege hierzu in Schritt 3 einfach Knisterfolie oder Bratenschlauch auf eine linke Seite der Maus und fahre wie beschrieben fort.

💙 LOS GEHT'S

1. Ohr und Nase aufbringen

Appliziere das Innenohr aus schwarzem Filz an der markierten Stelle auf einem der beiden Schnittteile der Maus mit dem Geradstich und schwarzem Garn. Verfahre anschließend genauso mit der Nase (evtl. Markierungen mit dem Trickmarker auf den Stoff übertragen).

2. Auge und Schnurrbart aufbringen

Nähe nun das Auge und den Schnurrbart mit engem Zickzackstich ebenfalls mit schwarzem Garn auf. Markiere die Stellen evtl. vorher mit einem Trickmarker (siehe Markierungen auf der Kopiervorlage).

3. Schnittteile zusammennähen

Lege nun beide Schnittteile des Körpers der Maus rechts auf rechts aufeinander. Mache einen Knoten in ein Ende der Baumwollkordel und positioniere diese am Hinterteil zwischen den Nahtzugaben. Der Knoten liegt innen, die offene Seite der Kordel zwischen den Nahtzugaben. Stecke alles gut fest und steppe mit dem Geradstich ringsum. Steppe ebenso entlang der Markierung des inneren Rings mit dem Geradstich ab. Lass hierbei jeweils eine winzige Lücke in beiden Nähten an der Schnittlinie (siehe Greifling Apfel auf S. 48).

Wichtig: Vernähe hier auf jeden Fall am Anfang und Ende der Nähte entweder mit der Funktion „Punktvernähen" deiner Maschine oder, indem du 3 Stiche vor- und zurücknähst, damit sich die Naht später beim Wenden und Füllen nicht zu weit öffnet.

4. Maus wenden

Schneide nun entlang der Schnittlinie (siehe Markierung auf der Kopiervorlage) durch beide Lücken in der Naht bis in den inneren Kreis. Schneide diesen bis auf eine Nahtzugabe aus. Schneide die Rundungen und Ecken ein und wende die Maus mithilfe des Wendestabs durch die Öffnung an der Schnittlinie.

5. Halbe Wendeöffnung schließen

Falte die Maus so, dass die Hälfte der beiden Öffnungen an der Schnittlinie rechts auf rechts aufeinandertreffen (siehe Greifling Apfel auf S. 48). Stecke und steppe die halbe Wendeöffnung der Maus mit dem Geradstich zu.

6. Maus füllen

Fülle die Maus mit Füllwatte und Klingelkugel und schließe die Wendeöffnung anschließend mit dem Leiterstich/Matratzenstich (siehe S. 7) von Hand.

BIBERRASSEL

Maße 18 × 27 cm

♥ MATERIAL

- Baumwolljersey in Schuppenoptik (Körper und Ohren), 32 × 40 cm
- Baumwolljersey in Lila-Weiß gestreift (Hände, Füße, Schwanz), 20 × 35 cm
- weißer Filz (Bart und Zähne), 10 × 10 cm
- schwarzer Filz (Nase), 3 × 4 cm
- Vlieseinlage (z. B. Vlieseline S 250) zum Aufbügeln (ca. 15 × 20 cm)
- passendes Garn in Lila, Weiß und Schwarz
- Trickmarker
- Wendestab
- Klingelkugel (Ø ca. 2,5 cm) oder Rassel (Ø ca. 3,7 cm)
- waschbare Füllwatte aus 100 % Baumwolle oder Polyester
- Kopiervorlage Biberrassel von S. 82 und 83

♥ NÄHMASCHINENSTICHE

- enger Geradstich
- Quiltstich: Punkt (alternativ: enger Zickzackstich)

♥ ZUSCHNITT

- Aus dem Baumwolljersey in Schuppenoptik:
  1× Kopiervorlage Biberrassel Körper + NZ
  Übertrage alle Markierungen auf den Stoff.
- 2× Kopiervorlage Biberrassel Rücken +NZ (gegengleich)
- 4× Kopiervorlage Biberrassel Ohr + NZ (2× gegengleich)
- Aus dem gestreiften Jersey:
  4× Kopiervorlage Biberrassel Pfote + NZ (2× gegengleich)
  Übertrage die Markierungen der Pfoten mit dem Trickmarker auf den Stoff.
- 4× Kopiervorlage Biberrassel Fuß + NZ (2× gegengleich)
  Übertrage die Markierungen der Steppnaht mit dem Trickmarker auf den Stoff.
- 2× Kopiervorlage Biberrassel Schwanz + NZ (gegengleich)
  Übertrage die Markierungen der Steppnaht mit dem Trickmarker auf den Stoff.
- Aus dem weißen Filz:
  1× Kopiervorlage Biberrassel Bart (ohne NZ)
  1× Kopiervorlage Biberrassel Zähne (ohne NZ)
- Aus dem schwarzen Filz:
  1× Kopiervorlage Biberrassel Nase (ohne NZ)
- Aus der Vlieseinlage:
  1× Kopiervorlage Biberrassel Körper (ohne NZ)

♥ LOS GEHT'S

---

1. Ohren, Pfoten, Füße und Schwanz nähen
Lege die Zuschnitte von Ohren, Pfoten, Füßen und Schwanz rechts auf rechts, stecke sie fest und steppe alle Teile rundum ab. Die Oberkanten bleiben offen. Schneide die Rundungen ein, wende alle Teile und bügle sie.

2. Pfoten, Füße und Schwanz füllen
Stopfe die Teile mit etwas Füllwatte aus und nähe mit dem Geradstich und Kontrastgarn entlang der Markierungen die Pfoten und die Steppnaht auf dem Schwanz nach. **Hinweis:** Lieber etwas weniger Füllwatte nehmen, um Probleme beim Absteppen zu vermeiden.

3. Zähne, Bart und Nase aufbringen
Bügle die Vlieseinlage auf die linke Stoffseite des Vorderteils. Appliziere erst die Zähne, dann den Bart und anschließend die Nase gemäß der Markierung (evtl. mit dem Trickmarker anzeichnen) auf die Vorderseite.

4. Augen und Bauchnabel aufbringen
Markiere nun mit dem Trickmarker die Augen und den Bauchnabel und nähe mit dem Quiltstich „Punkt" (alternativ: enger Zickzackstich) jeweils die Augen und den Nabel. Dann nähst du nur ein kleines Stück vor und zurück, sodass es wie ein Quadrat aussieht.

5. Rückennaht schließen
Lege die beiden Rückenteile rechts auf rechts aufeinander und positioniere den Schwanz im unteren Drittel dazwischen. Die offene Kante des Schwanzes liegt zwischen den NZ des Rückens. Stecke und nähe nun die Rückennaht zusammen. Lass oberhalb des Schwanzes eine Wendeöffnung von ca. 4 cm (siehe Kopiervorlage).

6. Biber zusammenfügen
Ordne Ohren, Pfoten und Füße auf der rechten Seite des Vorderteils an (siehe Kopiervorlage) – die offenen Kanten zeigen in Richtung Naht – stecke und steppe diese einmal auf der rechten Seite innerhalb der Nahtzugabe fest.

7. Biber zusammennähen
Lege nun das Rückenteil rechts auf rechts auf das Vorderteil. Stecke alle Teile gut fest und achte darauf, dass keines der Gliedmaßen innen verrutscht. Nähe mit einem engen Geradstich einmal ringsum. Nähe über die Ansätze der Gliedmaßen am besten mehrfach vor und zurück.

8. Biber wenden und füllen
Wende den Biber und bügle ihn. Fülle den Körper mit Füllwatte und stecke mittig die Klingelkugel oder die Rassel ein. Schließe die Wendeöffnung mit dem Matratzenstich (siehe S. 7) von Hand.

RASSELANKER

Maße 14 × 25 cm

💙 MATERIAL

- Baumwollstoff in Blau mit Wellen (Variante: Cordstoff in Rot), 40 × 25 cm
- 10 cm Baumwollkordel in Rot (Variante: Blau)
- Für die Variante: Baumwollwebband mit blauen Sternen, 10 cm und 1–3 Holzperlen
- passendes Garn in Rot oder Blau
- Klingelkugel (Ø maximal 2,5 cm)
- Wendestab
- waschbare Füllwatte aus 100 % Baumwolle oder Polyester
- Kopiervorlage Rasselanker von S. 81 (auf 200 % vergrößern)

💙 NÄHMASCHINENSTICH

- enger Geradstich

💙 ZUSCHNITT

- Aus dem Baumwollstoff in Blau mit Wellen: 2× Kopiervorlage Rasselanker + NZ (gegengleich)

TIPP

Für die Variante aus rotem Cord nähst du den Anker genauso. Füge die blaue Kordel mit den Holzperlen und das Baumwollwebband mit blauen Sternen in Schritt 1 einfach zwischen beide Schnittteile des Ankers.

♥ LOS GEHT'S

1. Schnittteile zusammenstecken
Lege beide Schnittteile des Ankers rechts auf rechts auf-einander und positioniere die rote Baumwollkordel oben mittig in einer Schlaufe dazwischen. Die Schlaufe liegt innen, die offenen Kanten der Kordel zeigen nach oben. Stecke alles gut fest.

2. Schnittteile zusammennähen
Nun nähst du mit dem Geradstich einmal ringsum. Nähe über die Kordel mehrfach vor und zurück, damit sie sich später beim Spielen nicht lösen kann. Lass an der Seite des Ankers eine Wendeöffnung von ca. 4 cm.

3. Anker wenden
Schneide alle Rundungen und Ecken ein bzw. ab und wende den Anker mithilfe des Wendestabs. Arbeite alle Rundungen und Ecken mit dem Stab schön vorsichtig aus und bügle den Anker.

4. Anker füllen
Fülle den Anker mit Füllwatte und Klingelkugel und schließe die Wendeöffnung danach mit dem Leiterstich/Matratzenstich (siehe S. 7) von Hand.

RASSELUKULELE

Maße
10 × 25 cm

💙 MATERIAL

- Baumwollstoff in Blau mit Sternen, 30 × 32 cm
- schwarzer Filz (1–2 mm dick), 5 × 5 cm
- Garn in Kontrastfarbe (Neongrün oder Neonpink)
- Vlieseinlage (z. B. Vlieseline S 250), 15 × 32 cm
- Klingelkugel (Ø ca. 2,5 cm) oder Rassel (Ø ca. 3,7 cm)
- Wendestab
- Trickmarker
- waschbare Füllwatte aus 100 % Baumwolle oder Polyester
- Kopiervorlage Rasselukulele von S. 84 (auf 200% vergrößern)

💙 NÄHMASCHINENSTICHE

- enger Geradstich
- enger Zickzackstich

💙 ZUSCHNITT

- Aus dem Baumwollstoff:
  2 × Kopiervorlage Rasselukulele Korpus + NZ (gegengleich)
  Übertrage die Markierungen für die Saiten auf die rechte Seite eines der beiden Teile.
- Aus dem schwarzen Filz:
  1 × Kopiervorlage Rasselukulele Kreis (ohne NZ)
- Aus der Vlieseinlage:
  1 × Kopiervorlage Rasselukulele Korpus (ohne NZ)

♥ LOS GEHT'S

1. Schnittteile vorbereiten

Bügle die Vlieseinlage auf die Rückseite des Schnittteils Korpus, auf das du die Saiten gezeichnet hast. Positioniere den Kreis aus schwarzem Filz gemäß der Markierung (evtl. mit dem Trickmarker vorher anzeichnen) auf derselben Seite der Ukulele und steppe knappkantig mit Kontrastgarn ringsum. Schneide evtl. Unebenheiten mit einer Fadenschere am Filz nach.

2. Saiten aufbringen

Nähe die Längsmarkierungen der Saiten mit engem Geradstich, die Quermarkierungen mit engem Zickzackstich ebenfalls mit Kontrastgarn nach.

3. Schnittteile zusammennähen

Lege die beiden Schnittteile der Ukulele rechts auf rechts aufeinander und stecke sie ringsum fest. Nähe nun mit

Geradstich rundum und lass an einer Seite eine Wendeöffnung von ca. 4 cm offen (siehe Markierung auf der Kopiervorlage).

4. Ukulele wenden

Schneide alle Rundungen und Ecken ein bzw. ab und wende die Ukulele mithilfe des Wendestabs. Arbeite alle Rundungen und Ecken mit dem Stab schön vorsichtig aus und bügle die Ukulele anschließend.

5. Ukulele füllen

Fülle die Ukulele mit Füllwatte und Rassel oder Klingelkugel und schließe dann die Wendeöffnung mit dem Leiterstich/Matratzenstich (siehe S. 7) von Hand.

SÄGE UND SCHRAUBENDREHER

Maße 17 × 9 cm und 5 × 16 cm

♥ MATERIAL

- Cordstoff in Grau, 30 × 22 cm
- Cordstoff in Rot, 14 × 10 cm
- Filz in Rot (3–4 mm dick), 14 × 10 cm
- Klingelkugel (Ø ca. 2,5 cm) oder Rassel (Ø ca. 3,7 cm)
- passendes Garn in Grau und Rot
- Wendestab
- waschbare Füllwatte aus 100 % Baumwolle oder Polyester
- Kopiervorlagen Säge und Schraubendreher von S. 84

♥ NÄHMASCHINENSTICHE

- enger Geradstich
- enger Zickzackstich

♥ ZUSCHNITT

- Aus dem grauen Cord:
  2 × Kopiervorlage Schraubendreher Oberteil + NZ (gegengleich)
  2 × Kopiervorlage Säge Sägeblatt + NZ (gegengleich)
  Schneide beim Zuschnitt die Zacken nicht aus, sondern eine gerade Unterkante (+ NZ!). Übertrage die Zacken mit dem Trickmarker auf die linke Seite des Stoffs.

- Aus dem roten Cord:
  2 × Kopiervorlage Schraubendreher Griff + NZ (gegengleich)

- Aus dem roten Filz:
  2 × Kopiervorlage Säge Griff (ohne NZ)

TIPP

Ist das zu beschenkende Kind schon etwas größer? Nähe die Säge doch mit verstärkender Vlieseline im Sägeblatt, dann kann damit an der Kinderwerkbank „fast echt" gesägt werden.

♥ LOS GEHT'S: SÄGE

1. Sägeblatt nähen

Lege die beiden Sägeblätter rechts auf rechts und stecke die langen Seiten und die Spitze der Säge zusammen. Die Griffseite bleibt als Wendeöffnung offen. Nähe nun mit dem Geradstich nach. Achte darauf, die kleinen Zacken mit besonderer Sorgfalt zu nähen, damit sie später auch schön zur Geltung kommen. Schneide die Ecken und Spitzen bis zur Naht vorsichtig ein bzw. ab. Wende das Sägeblatt mithilfe des Wendestabs und arbeite die Ecken und Zacken schön nach außen.

2. Sägeblatt füllen

Fülle nun das Sägeblatt mit Füllwatte und einer Klingel-kugel oder Rassel.

3. Säge zusammennähen

Lege das Sägeblatt zwischen die beiden Griffteile (die Rundung zeigt zum Sägeblatt) und stecke alles gut fest. Nähe mit dem Geradstich einmal knapp an der Außen-kante des Griffs entlang und fasse dabei das Sägeblatt mit ein (hier ist viel Feingefühl gefragt, damit beim Nähen das Sägeblatt nicht aus dem Griff rutscht). Anschließend nähst du knappkantig um das Griffloch herum. Nun ist die Säge fertig.

♥ LOS GEHT'S: SCHRAUBENDREHER

1. Schnittteile zusammennähen

Lege je ein Oberteil und einen Griff des Schrauben-drehers rechts auf rechts aufeinander. Stecke und nähe anschließend die Verbindungsnaht mit dem Geradstich. Verfahre genauso mit dem zweiten Griff und Oberteil.

2. Schraubendreher zusammennähen

Lege nun beide Hälften rechts auf rechts und achte dar-auf, dass die Verbindungsnähte jeweils aufeinandertreffen. Stecke und nähe auch hier mit dem Geradstich einmal rundum und achte darauf, eine Wendeöffnung von ca. 4 cm an einer Seite des Griffs offen zu lassen. Schneide

alle Rundungen und Ecken/Spitzen ein bzw. ab und wende den Schraubendreher mithilfe des Wendestabs.

3. Schraubendreher füllen

Fülle den Schraubendreher mit Füllwatte und einer Klingel-kugel oder Rassel und schließe die Wendeöffnung an-schließend mit dem Leiterstich/Matratzenstich (siehe S. 7) von Hand.

DINORASSEL

Maße 15 × 20 cm

💙 MATERIAL

- Baumwollsweat in Grün mit weißen Sternen, 50 × 30 cm
- Nickistoff in Rot, 36 × 7 cm
- kleines Stück schwarzer und weißer Filz (1–2 mm dick)
- Knisterfolie oder handelsüblicher Bratenschlauch, 21 × 30 cm
- 15 cm Baumwollkordel in Rot
- 1–3 große Holzperlen (unbehandelt)
- Klingelkugel (Ø ca. 2,5 cm) oder Rassel (Ø ca. 3,7 cm)
- passendes Garn in Grün, Rot, Weiß und Schwarz
- Wendestab
- waschbare Füllwatte aus 100 % Baumwolle oder Polyester
- Fadenschere
- Kopiervorlage Dinorassel von S. 85

💙 NÄHMASCHINENSTICH

- enger Geradstich

💙 ZUSCHNITT

- Aus dem grünen Baumwollsweat:
  2× Kopiervorlage Dinorassel Rücken + NZ (gegengleich)
  2× Kopiervorlage Dinorassel Bauch + NZ (gegengleich)
- Aus dem roten Nickistoff:
  6× Kopiervorlage Dinorassel Zacken + NZ (je 3× gegengleich)
- Aus dem weißen Filz:
  2× Kopiervorlage Dinorassel Augen (ohne NZ)
- Aus dem schwarzen Filz:
  2× Kopiervorlage Dinorassel Pupille (ohne NZ)

TIPP

Du kannst dem Dino statt der Holzperlen auch einen kleinen Holzring an die Kordel hängen. Achte darauf, dass der Holzring nicht größer ist als der Durchmesser des Bauches, sonst kannst du die Naht nicht schließen.

♥ LOS GEHT'S

1. Zacken nähen
Lege je zwei Zuschnitte der Zacken rechts auf rechts aufeinander und lege eine doppelte Schicht Knisterfolie (bzw. Bratenschlauch) auf eine linke Seite. Stecke alles fest und steppe mit engem Geradstich einmal rundum. Die gerade Unterkante bleibt jeweils als Wendeöffnung offen. Schneide die Nahtzugabe inkl. Knisterfolie knapp zurück.

2. Zacken wenden
Schneide die Spitzen ab und wende alle Teile auf rechts. Wende die Zacken mithilfe des Wendestabs und arbeite vorsichtig die Spitze richtig heraus. Lege die Zacken beiseite.

3. Augen aufbringen
Nähe nun die Augen fest. Lege dazu beide Gesichter gegenüber und fixiere die großen weißen Schnittteile der Augen möglichst gegengleich auf den beiden Seiten des Kopfes mit einer Stecknadel (siehe Markierung auf der Kopiervorlage). Nun steppst du mit weißem Garn und dem Geradstich knappkantig rundum. Anschließend verfährst du genauso mit den Schnittteilen der Pupille und schwarzem Garn. Schneide eventuelle Unebenheiten am Filz ringsum mit einer Fadenschere vorsichtig ab.

4. Schnittteile zusammennähen
Fädle die Holzperle(n) auf die Kordel. Lege je ein Schnittteil Rücken und Bauch rechts auf rechts aufeinander und lege die Kordel mit einem Ende im oberen Drittel zwischen die jeweiligen Nahtzugaben. Stecke und nähe die Naht anschließend mit dem Geradstich. Nähe mehrfach über den Ansatz der Kordel vor und zurück, damit sich beim Spielen und Kuscheln nichts lösen kann. Verfahre genauso mit der zweiten Hälfte des Dinos.

5. Dino zusammenstecken
Nun legst du die beiden Hälften des Dinos rechts auf rechts aufeinander. Positioniere die drei Zacken mit der offenen Kante nach außen zwischen der Nahtzugabe der Rückennaht (siehe Markierung auf der Kopiervorlage). Ordne die Zacken so an, dass sie sich innerhalb der Nahtzugabe ein wenig überschneiden, und stecke alles rundum fest.

6. Dino zusammennähen
Nähe mit dem Geradstich einmal rundherum. Falls möglich, nähe mehrfach über den Ansatz der Zacken vor und zurück, damit sich beim Spielen und Kuscheln nichts lösen kann. Achte darauf, eine Wendeöffnung von ca. 4 cm an der Unterseite des Schwanzes offen zu lassen (siehe Markierung auf der Kopiervorlage), und schneide nun alle Rundungen, Ecken und Spitzen ein bzw. ab.

7. Dino wenden und füllen
Wende den Dino mithilfe des Wendestabs und arbeite alle Rundungen und Spitzen (Schwanz, Schnauze, Fuß) vorsichtig aus. Fülle den Dino mit Füllwatte und der Klingel oder Rassel und schließe die Wendeöffnung anschließend mit dem Leiterstich/Matratzenstich (siehe S. 7) von Hand.

WOLKENRASSEL

Maße 15 x 20 cm

♥ MATERIAL

- Baumwollstoff mit Flugzeug, 40 × 15 cm
- kleine Stücke Filz in Weiß, Blau und Gelb für die Tropfen (1–2 mm dick)
- passendes Garn in Weiß, Blau oder Gelb
- 50 cm Baumwollkordel oder Zackenlitze in passenden Farben (alternativ auch Webband)
- Wendestab
- Klingelkugel (Ø ca. 2,5 cm) oder Rassel (Ø ca. 3,7 cm)
- waschbare Füllwatte aus 100 % Baumwolle oder Polyester
- Kopiervorlage Wolkenrassel von S. 86

♥ NÄHMASCHINENSTICH

- enger Geradstich

♥ ZUSCHNITT

- Aus dem Baumwollstoff: 2 × Kopiervorlage Wolkenrassel Wolke + NZ (gegengleich)
- Aus dem Filz (Weiß, Blau, Gelb): 3 × Kopiervorlage Wolkenrassel Tropfen (je Farbe einen Tropfen einzeln zuschneiden, ohne NZ)
- 5 × Baumwollkordel oder Zackenlitze zu je 10 cm Länge

TIPP

Wähle einen etwas schlichteren Stoff, dann kannst du der Wolke auch ein Gesicht aufnähen (z. B. wie bei der Rasselsonne auf S. 40 zu sehen). Du kannst es entweder mit der Hand aufsticken oder mit dem Geradstich deiner Maschine machen. Zeichne dazu evtl. das Gesicht vorher mit dem Trickmarker auf und nähe mehrmals mit einem Kontrastgarn im Geradstich nach, so sieht es „handgemachter" aus. Nähe das Gesicht zwischen Schritt 1 und 2 als Zwischenschritt auf.

♥ LOS GEHT'S

1. Tropfen nähen

Nähe die drei Tropfen in unterschiedlichen Höhen auf verschiedenen Kordeln mit dem Geradstich fest. Mache anschließend in jedes Band am Ende einen Knoten.

2. Kordeln annähen

Positioniere nun die Kordeln mit der offenen Seite auf der Nahtzugabe der Unterkante eines Wolkenteils. Die offenen Kordelenden zeigen nach unten. Stecke alles gut fest und nähe einmal innerhalb der Nahtzugabe alle Kordeln mit dem Geradstich fest.

3. Wolke zusammennähen

Lege nun die beiden Wolkenteile rechts auf rechts. Achte darauf, dass die Kordeln zwischen den Wolkenteilen liegen und dort so in der Mitte eingerollt werden, dass sie dir nicht in die Quere kommen. Stecke die Wolkenteile ringsum fest und nähe anschließend mit dem Geradstich

einmal rundum. Lass an einer Seite eine Wendeöffnung von ca. 4 cm offen (siehe Markierung auf der Kopiervorlage). Nähe über die Kordeln mehrfach vor und zurück, damit sich beim Spielen und Kuscheln nichts lösen kann.

4. Wolke wenden

Schneide alle Rundungen und Ecken ein bzw. ab und wende die Wolke mithilfe des Wendestabs. Arbeite alle Rundungen mit dem Stab schön vorsichtig aus und bügle die Wolke anschließend.

5. Wolke füllen

Fülle die Wolke mit Füllwatte und Rassel oder Klingelkugel und schließe die Wendeöffnung anschließend mit dem Leiterstich/Matratzenstich (siehe S. 7) von Hand.

RASSELMONSTER

Maße 14 × 17 cm

♥ MATERIAL

- Baumwollstoff in Grün gemustert: (Variante: Baumwollstoff in Flieder Zickzack), 40 × 25 cm
- Biobaumwollstoff in Weiß, 12 × 15 cm
- je ein kleines Stück Filz in Weiß und Schwarz (Variante: nur weißer Filz)
- passendes Garn in Weiß und Schwarz
- kleines Stück Knisterfolie oder handelsüblicher Bratenschlauch
- Klingelkugel (Ø ca. 2,5 cm), Rassel (Ø ca. 3,7 cm) oder Quietsche (Ø ca. 5 cm)
- Trickmarker
- Wendestab
- waschbare Füllwatte aus 100% Baumwolle oder Polyester
- Kopiervorlage Rasselmonster von S. 86–88

♥ NÄHMASCHINENSTICHE

- enger Geradstich
- enger Zickzackstich

♥ ZUSCHNITT

- Aus dem Baumwollstoff in Grün gemustert:
  1 × Kopiervorlage Rasselmonster Rücken + NZ
  1 × Kopiervorlage Rasselmonster vorne oben + NZ
  1 × Kopiervorlage Rasselmonster vorne unten + NZ
- Aus dem Biobaumwollstoff in Weiß:
  4 × Kopiervorlage Rasselmonster Zähne 1 + NZ (je 2 × gegengleich)
- Aus dem schwarzen Filz:
  1 × Kopiervorlage Rasselmonster Pupille (ohne NZ)
- Aus dem weißen Filz:
  1 × Kopiervorlage Rasselmonster Auge 1 (ohne NZ)

Für die Variante in Flieder:

- Aus dem Baumwollstoff in Flieder Zickzack:
  1 × Kopiervorlage Rasselmonster Rücken + NZ
  1 × Kopiervorlage Rasselmonster vorne oben + NZ
  1 × Kopiervorlage Rasselmonster vorne unten + NZ
- Aus dem weißen Filz:
  1 × Kopiervorlage Rasselmonster Auge 2 (ohne NZ)
  1 × Kopiervorlage Rasselmonster Zähne 2 (ohne NZ)

♥ LOS GEHT'S

1. Zähne nähen

Lege je zwei Schnittteile der Monster Zähne 1 rechts auf rechts aufeinander und lege eine Lage Knisterfolie auf eine der linken Seiten. Stecke alles fest und nähe nun den Zahn mit dem Geradstich zusammen. Lass die Unterkante des Zahnes als Wendeöffnung offen. Schneide die Nahtzugabe knapp zurück und die Spitze ab. Wende den Zahn und bügle ihn. Verfahre genauso mit dem zweiten Zahn.

2. Schnittteile zusammennähen

Lege nun die beiden Schnittteile der Vorderseite (vorne oben und vorne unten) rechts auf rechts und positioniere die beiden Zähne mit der offenen Kante zwischen den Nahtzugaben. Die Spitze zeigt nach innen. Stecke alle Teile fest und nähe sie mit dem Geradstich zusammen. Nähe dabei über die Zähne mehrfach vor und zurück, damit sich später nichts lösen kann.

3. Augen aufbringen

Appliziere nun das weiße Auge 1 oberhalb der Zähne etwas neben der Mitte. Nähe dazu mit dem Geradstich und dem weißen Garn einmal knappkantig rundum. Verwende bei Bedarf Vliesofix. Verfahre genauso mit der Pupille des Monsters.

4. Monster zusammennähen

Nun fügst du das Monster zusammen. Lege beide Hälften des Monsters rechts auf rechts und stecke alles ringsum fest. Nähe mit dem Geradstich nach und lass an einem Bein außen eine Wendeöffnung von ca. 4 cm offen (siehe Markierung auf der Kopiervorlage).

5. Monster wenden

Schneide alle Rundungen und Ecken ein bzw. ab und wende das Monster mithilfe des Wendestabs.

6. Monster füllen

Bügle das Monster, fülle es anschließend mit Füllwatte und Rassel, Klingel oder Quietsche und schließe die Wendeöffnung dann mit dem Leiterstich/Matratzenstich (siehe S. 7) von Hand. Fertig ist der einäugige Kuschelfreund!

TIPP

Hast du noch Reste von einer Baumwollkordel? Dann mach dem Monster doch eine schicke Frisur und nähe die Kordel zwischen die Nahtzugaben des Kopfes in Schritt 4. Die Knoten liegen innen, offene Kanten zeigen nach außen. Nähe unbedingt mehrfach vor und zurück über die Kordel, damit sich später nichts lösen kann.

VARIANTE

Bei der Variante aus fliederfarbenem Zickzack werden in Schritt 3 die Augen und Zähne aus Filz appliziert. Zeichne vorher die Wimpern mit einem Trickmarker auf die Augen und nähe nach der Applikation im Geradstich und mit schwarzem Garn mehrfach über die Markierung. So entsteht der „handgestickte" Charakter. Vergiss nicht die Mittelnaht bei den Zähnen. Ansonsten verfährst du wie oben beschrieben.

RASSELSONNE

Maße Ø 20 cm

💙 MATERIAL

- Nickistoff in Gelb, 50 × 40 cm
- kleines Stück Filz in Rot (1–2 mm dick)
- passendes Garn in Gelb, Schwarz und Rot
- Klingelkugel (Ø ca. 2,5 cm) oder Rassel (Ø ca. 3,7 cm)
- Knisterfolie oder handelsüblicher Bratenschlauch, 40 × 30 cm
- waschbare Füllwatte aus 100 % Baumwolle oder Polyester
- evtl. etwas Vliesofix
- Trickmarker
- Wendestab
- Vlieseinlage (z. B. Vlieseline S 250), 20 × 20 cm
- Kopiervorlage Rasselsonne von S. 94

💙 NÄHMASCHINENSTICH

- enger Geradstich

💙 ZUSCHNITT

- Aus dem Nickistoff in Gelb:
  2× Kopiervorlage Rasselsonne + NZ (gegengleich)
  Übertrage die Markierung des Gesichts mit dem Trickmarker auf den Stoff.
- Aus dem Nickistoff in Gelb:
  24× Kopiervorlage Rasselsonne Strahlen + NZ (je 12× gegengleich)
- Aus dem roten Filz:
  2× Kopiervorlage Rasselsonne Wange (ohne NZ)
- Aus der Vlieseinlage:
  1× Kopiervorlage Rasselsonne (ohne NZ)

♥ LOS GEHT'S

1. Gesicht aufbringen

Bügle die Vlieseline auf die linke Seite des Schnittteils mit der Markierung des Gesichts und nähe das Gesicht mit dem Geradstich und schwarzem Garn nach. Nähe evtl. ein zweites Mal über die Markierung für den „handgestickten" Look.

2. Wangen aufbringen

Appliziere die Wangen oberhalb der Mundwinkel mit einem Kreuz, indem du mit dem Geradstich und dem roten Garn einmal von oben nach unten und von links nach rechts über die Wange nähst. Verwende bei Bedarf Vliesofix.

3. Sonnenstrahlen nähen

Lege nun zwei Schnittteile der Sonnenstrahlen rechts auf rechts und lege ein Stück Knisterfolie auf eine der linken Seiten der Strahlen. Stecke und nähe mit dem Geradstich und dem gelben Garn die beiden langen Seiten der Strahlen zu. Die kurze Unterkante bleibt als Wendeöffnung offen. Schneide die Spitze ab und wende den Sonnenstrahl mithilfe des Wendestabs. Arbeite die Spitze vorsichtig aus. Verfahre so mit allen zwölf Sonnenstrahlen.

4. Sonnenstrahlen annähen

Positioniere die Strahlen nun gleichmäßig auf der Nahtzugabe einer der beiden Schnittteile Rasselsonne. Die Spitzen zeigen nach innen, die offenen Kanten nach außen. Stecke alles gut fest und nähe mit dem Geradstich und gelbem Garn einmal innerhalb der Nahtzugabe alle Strahlen fest.

5. Sonne zusammennähen

Lege die beiden Schnittteile Rasselsonne inkl. Strahlen nun rechts auf rechts, stecke und steppe mit dem Geradstich einmal ringsum. Lass dabei eine Wendeöffnung von ca. 4 cm. Wende die Sonne anschließend.

6. Sonne füllen

Fülle die Sonne mit Füllwatte und Rassel oder Klingelkugel und schließe die Wendeöffnung dann mit dem Leiterstich/Matratzenstich (siehe S. 7) von Hand.

TIPP

Verwende hier auch gerne einen schönen Baumwollstoff. Sollte dieser ein kräftiges Muster haben, verzichte lieber auf das aufgestickte Gesicht und appliziere stattdessen einfach die Augen des Löwen. Durch ihre Form ist die Sonne aber auch ohne Gesicht eindeutig erkennbar.

RAKETENRASSEL

Maße 9 × 30 cm

♥ MATERIAL

- Filz in Pink (1–2 mm dick) (Varianten: Grau bzw. Grau meliert), 20 × 20 cm
- mehrere kleine Stücke Filz in vielen schönen bunten Farben (1–2 mm dick)
- insgesamt 60 cm Zackenlitze oder Baumwollkordel in verschiedenen Farben je Rakete
- Klingelkugel (Ø ca. 2,5 cm) oder Rassel (Ø ca. 3,7 cm) oder Quietsche (Ø ca. 5 cm)
- Garn in Pink, Mint und Rosa
- waschbare Füllwatte aus 100 % Baumwolle oder Polyester
- Kopiervorlage Raketenrassel von S. 89

♥ NÄHMASCHINENSTICH

- enger Geradstich

♥ ZUSCHNITT

(Rakete in Pink, Mint, Rosa & Grau meliert)

- Aus dem pinken Filz:
  2× Kopiervorlage Raketenrassel Korpus + NZ

- Aus dem mintfarbenen Filz:
  1× Kopiervorlage Raketenrassel Äußerer Kreis Fenster (ohne NZ)
  1× Kopiervorlage Raketenrassel Herz klein (ohne NZ)

- Aus dem rosafarbenen Filz:
  1× Kopiervorlage Raketenrassel Innerer Kreis Fenster (ohne NZ)

- Aus dem grauen Filz:
  2× Kopiervorlage Raketenrassel Auspuff + NZ

- Aus der Zackenlitze oder Kordeln:
  5–6× je 10–12 cm Stücke

TIPP

Spiele hier mit verschiedenen Farben, Materialien und Formen. Solltest du eine Rakete aus Baumwolle, Jersey oder Frottee planen, bedenke, dass du eine Nahtzugabe dazugeben musst, alles rechts auf rechts zusammennähen und auch eine Wendeöffnung freilassen. Viel Spaß beim Experimentieren!

♥ LOS GEHT'S

1. Applikationen aufbringen

Fixiere das Schnittteil Äußerer Kreis Fenster mit einer Stecknadel auf einer Seite der Rakete und nähe es mit Geradstich knappkantig fest (evtl. mit einem Trickmarker anzeichnen). Verfahre nun genauso mit dem Schnittteil Innerer Kreis Fenster und dem Herz (klein).

Hinweis: Solltest du hier keinen Filz für die Applikationen verwenden, so arbeite bitte mit Vliesofix, um die Applikationen fachgerecht zu fixieren, bevor du sie festnähst.

2. Rakete zusammennähen

Lege die beiden Raketenteile links auf links aufeinander und nähe die beiden langen Seiten knappkantig zu. Lass die gerade Unterkante offen.

3. Rakete füllen

Fülle die Rakete mit Füllwatte und einer Quietsche, Rassel oder Klingel und lege sie zur Seite.

4. Auspuff nähen

Schneide aus der farbig passenden Zackenlitze oder Kordeln 5–6 Stücke zu je 10–12 cm und mache jeweils in ein Ende einen Knoten. Lege die Bänder nun mit der Seite ohne Knoten zwischen die beiden Teile des Auspuffs, die du wiederum ebenfalls links auf links aufeinander legst, und stecke alles fest. Nähe knappkantig über die zwei kurzen und eine lange Kante. Die andere lange Kante bleibt offen. Nähe über die Kordeln mehrfach vor und zurück, damit sich beim Spielen und Kuscheln nichts lösen kann. **Achtung:** Gerade bleiben! Die Naht bleibt sichtbar.

5. Auspuff annähen

Lege nun den Auspuff zwischen die offene Unterkante der Rakete und stecke ihn fest. Nähe nun knappkantig mit dem Geradstich über die Unterkante der Rakete und fasse dabei den Auspuff mit ein.

RASSELREH

Maße 17 × 24 cm

♥ MATERIAL
- Baumwollstoff in Gelb kariert, 46 × 30 cm
- Garn in Kontrastfarbe (Dunkelrot)
- Klingelkugel (Ø ca. 2,5 cm) oder Rassel (Ø ca. 3,7 cm)
- Wendestab
- Trickmarker
- waschbare Füllwatte aus 100 % Baumwolle oder Polyester
- Kopiervorlage Rasselreh von S. 93 (auf 200 % vergrößern)

♥ NÄHMASCHINENSTICH
- enger Geradstich

♥ ZUSCHNITT
- Aus dem Baumwollstoff:
  2 × Kopiervorlage Rasselreh Körper + NZ (gegengleich)
  Übertrage die Markierungen für das Auge auf die rechte Seite beider Schnittteile.

TIPP
Gib dem Reh ein neues Gesicht, indem du die Augen des Dinos applizierst, oder spiele mit den Materialien: Aus Frottee oder Baumwollfleece ist es doppelt kuschlig.

♥ LOS GEHT'S

---

1. Auge aufbringen

Nähe das markierte Auge auf beiden Seiten jeweils mit dem Geradstich nach. Du kannst es entweder mit der Hand aufsticken oder mit dem Geradstich deiner Maschine machen. Nähe die Markierung dazu mehrmals mit dem Kontrastgarn im Geradstich nach, so sieht es „handgemachter" aus.

2. Reh zusammennähen

Lege nun beide Schnittteile des Rehkörpers rechts auf rechts aufeinander und stecke alles ringsum fest. Nähe mit dem Geradstich rundum. Lass dabei am hinteren Bein des Rehs eine Wendeöffnung von ca. 4 cm offen (siehe Markierung auf der Kopiervorlage).

3. Reh wenden

Schneide alle Rundungen und Ecken ein bzw. ab und wende das Reh mithilfe des Wendestabs. Arbeite alle Rundungen und Ecken mit dem Stab schön vorsichtig aus und bügle das Reh anschließend.

4. Reh füllen

Fülle das Reh mit Füllwatte und Rassel oder Klingel und schließe die Wendeöffnung dann mit dem Leiterstich/ Matratzenstich (siehe S. 7) von Hand.

RASSELWAL

Maße 19 × 15 cm

💙 MATERIAL

- Frotteestoff in Blau, 72 × 15 cm
- kleines Stück schwarzer und weißer Filz für die Augen
- Baumwollkordel in Blau, Hellgrau und Cremeweiß, 3 × je 10 cm
- passendes Garn in Blau, Weiß und Schwarz
- Klingelkugel (Ø ca. 2,5 cm) oder Rassel (Ø ca. 3,7 cm)
- Knisterfolie oder handelsüblicher Bratenschlauch, 20 × 7 cm
- Wendestab
- waschbare Füllwatte aus 100 % Baumwolle oder Polyester
- Kopiervorlage Rasselwal von S. 89 und 91

💙 NÄHMASCHINENSTICH

- enger Geradstich

💙 ZUSCHNITT

- Aus dem Frotteestoff in Blau:
  2 × Kopiervorlage Rasselwal Körper + NZ (gegengleich)
  1 × Kopiervorlage Rasselwal Flosse im Bruch + NZ
  2 × Kopiervorlage Rasselwal Flosse + NZ (gegengleich)
- Aus dem schwarzen Filz:
  2 × Kopiervorlage Rasselwal Pupille (ohne NZ)
- Aus dem weißen Filz:
  2 × Kopiervorlage Rasselwal Auge (ohne NZ)

TIPP

Möchtest du lieber ein Walmädchen nähen? Dann nähe hinter dem Auge einfach noch drei „Wimpern" mit einem engen Zickzackstich auf und verwende vielleicht Frottee in Lila oder Baumwollfleece in Rosa.
Oder nähe dem Wal noch einen freundlichen Mund auf. Dazu markierst du einfach den Mund mit einem Trickmarker auf den beiden Schnittteilen des Körpers, nachdem du die Augen appliziert hast, und nähst mit engem Zickzackstich oder Geradstich jeweils einen halben Mund auf. Achte beim Zusammenfügen des Walkörpers darauf, dass der Mund in der Mitte aufeinandertrifft.
Auch die Baumwollkordel könntest du durch verschiedene Webbänder ersetzen, dann wird es schön bunt.

♥ LOS GEHT'S

1. Augen aufbringen
Appliziere die weißen Augen auf den beiden Schnittteilen des Körpers möglichst gegengleich (siehe Markierungen auf der Kopiervorlage), stecke und steppe es mit weißem Garn einmal ringsum fest. Verfahre genauso mit den Pupillen des Wals und nähe diese mit schwarzem Garn auf den Augen fest (siehe Foto 1).

2. Schwanzflosse nähen
Lege die beiden einzelnen Schnittteile des Schwanzes auf das im Stoffbruch geschnittene Schnittteil rechts auf rechts, lege die Knisterfolie auf die linke Seite des im Stoffbruch geschnittenen Schwanzes. Stecke alles fest und steppe einmal ringsum mit dem Geradstich ab. Die gerade Vorderkante des Schwanzteils bleibt als Wendeöffnung offen, ebenso die sich überlappende Nahtzugabe der beiden einzelnen Schwanzteile (siehe Foto 2).

3. Schwanzflosse wenden
Schneide alle Rundungen und Ecken ein bzw. ab und wende den Schwanz vorsichtig mit dem Wendestab. Arbeite die Spitzen und Rundungen schön vorsichtig aus.

4. Kordeln feststecken
Lege die Schnittteile des Körpers rechts auf rechts und mach einen Knoten in jeweils eine Seite der drei Baumwollkordeln. Positioniere die Kordeln nebeneinander am höchsten Punkt des Kopfes mit dem Knoten nach innen und dem offenen Ende zwischen der Nahtzugabe. Stecke alles gut fest.

5. Körper nähen
Nähe im Geradstich einmal ringsum. Die kleine gerade Verbindung zum Schwanzteil sowie ca. 3 cm des unteren Bauchs bleiben als Wendeöffnung offen (siehe Foto 5).

6. Körper wenden
Schneide die Rundungen ein und wende den Körper mithilfe des Wendestabs.

7. Körper und Schwanz zusammennähen
Füge nun den Körper und den Schwanz zusammen, indem du beide Teile an der Quernaht rechts auf rechts zusammensteckst und mit dem Geradstich absteppst. Die offene überlappende Nahtzugabe der einzelnen Schwanzteile und die offene Naht am Unterbauch des Körpers bleiben weiterhin offen (siehe Foto 7).

8. Wal füllen
Fülle den Wal nun mit Füllwatte und Klingelkugel oder Rassel und schließe die Wendeöffnung dann mit dem Leiterstich/Matratzenstich (siehe S. 7) von Hand.

GREIFLING APFEL

Maße 11 × 12 cm

♥ MATERIAL

- Baumwollcord in Rot (Variante: Baumwollstoff in Weiß mit buntem Zickzack oder Grün kariert), 30 × 15 cm
- kleines Stück grüner Filz für das Blatt
- kleines Stück brauner Filz für den Stiel
- passendes Garn in Rot
- Klingelkugel (Ø ca. 2,5 cm)
- Wendestab
- waschbare Füllwatte aus 100 % Baumwolle oder Polyester
- für die Variante aus Baumwollstoff mit buntem Zickzack: Holzring (Ø ca. 8 cm)
- Kopiervorlage Greifling Apfel von S. 91

♥ NÄHMASCHINENSTICH

- enger Geradstich

♥ ZUSCHNITT

- Aus dem Baumwollcord in Rot:
  2× Kopiervorlage Greifling Apfel + NZ (gegengleich)
- Aus dem grünem Filz:
  1× Kopiervorlage Greifling Apfel Blatt (ohne NZ)
- Aus dem braunen Filz:
  1× Kopiervorlage Greifling Apfel Stiel (ohne NZ)
  Übertrage die Markierung für den inneren Ring mit einem Trickmarker auf die linken Seiten des Apfels.

TIPP

Du Kannst auch mehrere Blätter zu dem Stiel einnähen oder die Blätter noch mit Blattadern in Braun verzieren. Zeichne diese evtl. vorher mit dem Trickmarker auf.

VARIANTE

Den Apfel inklusive Holzring aus Baumwollstoff in Weiß mit buntem Zickzack nähst du bis Schritt 4 genauso wie oben beschrieben.

Schiebe in Schritt 4 den Holzring über eine Hälfte des Apfels bevor du die Wendeöffnung zur Hälfte schließt. Anschließend fährst du fort wie oben beschrieben.

♥ LOS GEHT'S

---

1. Schnittteile zusammennähen
Lege die Schnittteile des Korpus rechts auf rechts aufeinander und positioniere das Blatt und den Stiel mittig oben zwischen die Nahtzugaben. Stecke alles gut fest und steppe mit dem Geradstich einmal ringsum. Nähe ebenfalls das markierte Loch in der Mitte des Apfels mit dem Geradstich nach. Lass in beiden Nähten eine winzige Lücke an der Schnittlinie (siehe Foto 1). **Wichtig:** Vernähe hier auf jeden Fall am Anfang und Ende der Nähte entweder mit der Funktion „Punktvernähen" deiner Maschine oder indem du drei Stiche vor- und zurücknähst, damit sich die Naht später beim Wenden und Füllen nicht zu weit öffnet.

2. Inneren Kreis ausschneiden
Schneide nun entlang der Schnittlinie durch beide Lücken in der Naht bis in den inneren Kreis des Apfels. Schneide diesen bis auf eine Nahtzugabe aus (siehe Foto 2).

3. Apfel wenden
Schneide nun die Rundungen ein und wende den Apfel mithilfe des Wendestabs.

4. Halbe Wendeöffnung schließen
Falte den Apfel mittig und lege die beide Hälften der offenen Naht rechts auf rechts. Stecke und steppe die halbe Wendeöffnung des Apfels zu (siehe Foto 4).

5. Apfel füllen
Fülle den Apfel mit Füllwatte und Klingelkugel. Stecke diese am besten in eine der beiden Apfelwangen, dort ist am meisten Platz und du kannst die Kugel dort ein wenig umpolstern. Schließe dann die Wendeöffnung mit dem Leiterstich/Matratzenstich (siehe S. 7) von Hand (siehe Foto 5).

KNISTERSTERN

Maße Ø 18 cm

♥ MATERIAL

- Jeansstoff mit Sternen, 50 × 25 cm
- Webband in verschiedenen Farben und Ausführungen (hier: Sterne)
- passendes Garn in Dunkelblau
- 2 DIN-A4-Bogen Knisterfolie bzw. Bratenschlauch in vergleichbarer Größe
- ein Druckknopf aus Kunststoff (z. B. Kam Snaps) mit spezieller Zange
- Wendestab
- Trickmarker
- Kopiervorlage Knisterstern von S. 93 (auf 200% vergrößern)

♥ NÄHMASCHINENSTICH

- enger Geradstich

♥ ZUSCHNITT

- Aus dem Jeansstoff mit Sternen: 2× Kopiervorlage Knisterstern + NZ (gegengleich)
- 5 Stücke Webband, je 8 cm

♥ LOS GEHT'S

1. Webbänder feststecken

Lege die beiden Sterne rechts auf rechts aufeinander. Positioniere die Webbänder an verschiedenen Stellen an den Zacken in einer Schlaufe zwischen den Nahtzugaben, dabei liegen die Schlaufen innen und die offenen Kanten zeigen nach außen. Lass eine Zacke des Sterns frei. Hier wird später der Druckknopf befestigt. Stecke die Webbänder gut fest.

2. Schnittteile zusammennähen

Lege auf eine linke Seite des Sterns die Knisterfolie bzw. den Bratenschlauch doppellagig und stecke jetzt alles ringsum gut fest. Nähe mit dem Geradstich einmal rundum und lass dabei an einer Seite einer Zacke eine Wendeöffnung von ca. 4 cm offen. Achte darauf, dass sich dort kein Webband befindet.

3. Stern wenden

Schneide alle Ecken und Spitzen ein bzw. ab. Wende den Stern mithilfe des Wendestabs. Arbeite alle Zacken mit dem Stab schön vorsichtig aus und bügle den Stern anschließend.

4. Wendeöffnung schließen

Schließe die Wendeöffnung mit dem Leiterstich/Matratzenstich (siehe S. 7) von Hand.

5. Zacke mit Druckknopf vorbereiten

Knicke nun die Zacke ohne Webband so ein, dass du gut einen Druckknopf befestigen kannst und z. B. ein Schnuller darin Platz hat. Bügle einen Knick in die Zacke.

6. Druckknopf anbringen

Markiere nun die Position des Druckknopfs mit dem Trickmarker auf beiden Seiten und befestige den Druckknopf aus Kunststoff mithilfe der speziellen Zange. Bitte verwende hier keinen Druckknopf aus Metall, da dieser vom Speichel der Babys angegriffen werden und rosten könnte. Achte darauf, dass der Druckknopf sehr gut hält und fachgerecht montiert ist, damit ihn das Baby beim Nuckeln und Knistern nicht verschluckt.

KÖRNERKISSEN

💙 MATERIAL

- Baumwollfleece in Natur, 48 × 19 cm
- Baumwollfleece in Hellbraun, 9 × 14 cm
- Filz für Applikation (0,9 mm stark), 6 × 3 cm in Rosa
- 300 g Dinkelkerne (speziell entstaubt und erhitzt für Wärmekissen)
- Trickmarker
- Garn in Natur, Hellbraun, Rosa und Schwarz
- Kopiervorlage Körnerkissen von S. 90 (Schnittteil Schaf auf 200% vergrößern)

💙 NÄHMASCHINENSTICH

- Geradstich

💙 ZUSCHNITT

- Alle Kopiervorlagen enthalten bereits 1 cm Nahtzugabe. Bitte beachte den Fadenlauf. Übertrage alle Markierungen auf den Stoff.
- Aus dem Baumwollfleece in Natur: 2× Kopiervorlage Körnerkissen Schaf (gegengleich)
- Aus dem Baumwollfleece in Hellbraun: 1× Kopiervorlage Körnerkissen Gesicht
- Aus dem Filz in Rosa: 1× Kopiervorlage Körnerkissen Nase 2× Kopiervorlage Körnerkissen Ohr

Maße nach Wunsch

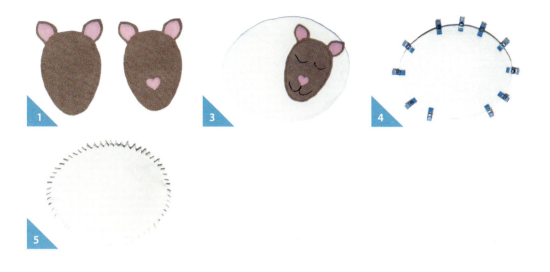

♥ LOS GEHT'S

1. Ohren und Nase aufbringen
Lege die rosa Ohrenteile gemäß Kopiervorlage auf die hellbraunen, stecke sie fest und nähe sie mit rosa Garn und Geradstich knappkantig fest. Stecke dann die rosa Nase mit 3 cm Abstand vom unteren Rand fest und nähe sie ebenfalls auf.

2. Augenlider und Schnauze aufbringen
Male mit einem Trickmarker Augenlider und Schnauze auf und steppe mit schwarzem Garn vier- bis fünfmal entlang der Linien. Entferne den Trickmarker ggf. mit Wasser.

3. Kopf aufnähen
Lege den Kopf gemäß der Kopiervorlage an die entsprechende Stelle auf die rechte Seite eines Schafteils und stecke ihn fest. Nähe ihn nun knappkantig entlang der Kopflinie mit hellbraunem Garn fest, der Ohransatz wird mit festgenäht, die Ohren selbst bleiben lose.

4. Kissen zusammennähen
Klappe die Ohren Richtung Gesicht und stecke sie vorläufig fest (damit die Ohren nicht unter die Außennaht geraten). Lege die beiden Schafteile rechts auf rechts aufeinander und fixiere den Rand vorzugsweise mit Stoffclips. Nähe die Lagen bis auf die Wendeöffnung (siehe Markierung auf der Kopiervorlage) mit naturfarbenem Garn zusammen.

5. Nahtzugabe einschneiden
Schneide aus der Nahtzugabe ringsum bis auf die Wendeöffnung kleine Keile heraus, aber achte darauf, die Naht nicht zu beschädigen.

6. Kissen wenden und füllen
Wende das Kissen durch die Öffnung auf rechts und schiebe die Kanten nach außen. Fülle das Schaf mit den Dinkelkernen und schließe dann die Öffnung von Hand mit dem Leiterstich/Matratzenstich (siehe S. 7) von Hand.

7. Fertig!
Das Körnerkissen ist bereit zum ersten Einsatz und kann in der Mikrowelle erwärmt werden.

WOLKENDEKO

Maße nach Wunsch

♥ MATERIAL
- Karton
- Stoffreste, nach Bedarf
- 1 weißes Stück Stoff, ca. 38 × 30 cm (inkl. Nahtzugabe)
- Vliesofix®
- 1 Stock
- dünne Kordel oder Band

♥ WERKZEUG
- Stift
- Schere und Stoffschere
- Bügeleisen

♥ NÄHMASCHINENSTICH
- Geradstich

♥ LOS GEHT'S

1. Motive und Wimpel vorbereiten
Zeichne deine gewünschten Motive für die Schablonenerstellung auf Karton und schneide sie aus. Hier wurden Wolken und Tropfen gewählt, du kannst aber jedes beliebige Motiv wählen. Übertrage jetzt die Motive mithilfe dieser Schablonen auf die Stoffreste und schneide sie entsprechend aus. Nun zeichnest du den Wimpel auf dem weißem Stoff an und schneidest ihn aus. Dieser Wimpel ist 38 cm lang und 30 cm breit.

2. Kanten umnähen
Nähe mit der Nähmaschine mit dem Geradstich die Ränder des Wimpels 1 cm um. Oben nähst du einen kleinen Tunnel ab, durch den später der Stock zur Aufhängung geschoben wird.

3. Motive aufbügeln
Bügle nun die bereits fertigen Motive als Applikationen mit Vliesofix® auf den Wimpel.

4. Motive absteppen
Steppe anschließend die Motive mit einem kleinen Geradstich noch einmal ab.

5. Stock anbringen
Zum Schluss steckst du den Stock durch den Tunnel und befestigst an jeder Außenseite ein Band zur Aufhängung.

SCHNULLERBAND

♥ MATERIAL
- 22,5 cm Webband
- 22,5 cm breites Schrägband
- Stylefix
- Kam Snap mit Zange
- 15,5 cm Anorakkordel
- Schnullerclip

Maße nach Wunsch

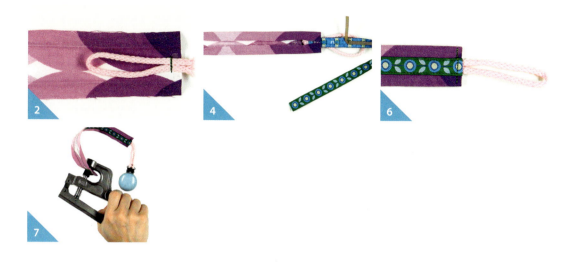

♥ LOS GEHT'S
---

1. Bänder vorbereiten
Klebe einen kurzen Stylefixstreifen auf die rechte Stoffseite der Nahtzugabe des einen Schrägbandendes. Auf die Rückseite des Webbands klebst du ebenfalls einen Streifen Stylefix, wobei das Klebeband rechts und links je etwa 1,5 cm kürzer sein sollte als das Webband.

2. Kordel anbringen
Öffne das Schrägband auf die gesamte Breite. Lege die Kordel zur Schlaufe und klebe sie am Schrägbandende fest. Die Kordelenden stehen etwa 1 cm über. Nähe die Kordel mit ein paar Stichen auf der Nahtzugabe fest.

3. Kurze Schrägbandkante umbügeln
Bügle die Nahtzugabe der kurzen Schrägbandkanten um, die Kordelschlaufe liegt nun außen.

4. Lange Schrägbandkante umbügeln
Bügle auch die langen Kanten wieder um. Stecke ein Webbandende in die kurze Schrägbandkante.

5. Webband aufbringen
Klebe das Webband auf die offene Schrägbandkante, das Ende steckst du wieder zwischen die Webbandlagen.

6. Webband aufnähen
Nähe das Webband rundherum fest.

7. Schnullerclip und Kam Snaps anbringen
Befestige den Schnullerclip an der Kordelschlaufe und die Kam Snaps am anderen Bandende. Der Abstand beträgt 2,5 cm zur kurzen Kante und 5 cm zwischen den beiden Snaps. Mit diesem Ende befestigst du den Schnullerring.

KNISTERMAUS

♥ MATERIAL
- Knisterfolie oder handelsüblicher Bratenschlauch
- passende Stoffreste
- Rest Anorakkordel
- Kopiervorlage Knistermaus von S. 92 (auf 200 % vergrößern)

Maße nach Wunsch

♥ LOS GEHT'S
---

1. Umrisse anzeichnen
Lege zwei Stoffteile rechts auf rechts aufeinander und markiere die Umrisse der Maus mithilfe der Schablone. Platziere ein Stück Kordel als Schwanz zwischen den Stofflagen, etwa 1 cm oberhalb der unteren Kante, das Ende der Kordel zeigt zur Nahtzugabe. Du kannst das Ende mit einem Stückchen Stylefix oder mit einer Stecknadel fixieren, damit es nicht verrutscht.

2. Maus zusammennähen
Lege die Knisterfolie oder ein paar Lagen Bratenschlauch übereinander auf die Stoffstücke. Überprüfe nochmals, dass die Kordel innerhalb der Umrissmarkierung liegt, damit beim Nähen nur das Ende mitgefasst wird, und stecke alles aufeinander. Nähe die Umrisse der Form, lass dabei eine Wendeöffnung. Schneide die Nahtzugaben auf 3–5 mm zurück, schneide Rundungen und Ecken ein bzw. ab.

3. Maus wenden
Wende die Maus, schließe die Wendeöffnung mit dem Leiterstich/Matratzenstich (siehe S. 7) von Hand und male (oder sticke) das Auge und den Mund auf. Mache einen Knoten ins Ende der Kordel.

KÖRNERKATZE

♥ MATERIAL
- Rest Anorakkordel oder Bändchen
- passende Stoffreste
- Körner zum Füllen
- Kopiervorlage Körnerkatze von S. 92 (auf 200 % vergrößern)

Maße nach Wunsch

♥ LOS GEHT'S

1. Umrisse anzeichnen
Lege zwei Stoffteile rechts auf rechts aufeinander und markiere die Umrisse der Katze mithilfe der Schablone.

2. Schwanz positionieren
Platziere ein Stück Kordel oder ein doppelt gelegtes Bändchen als Schwanz zwischen die Stofflagen, etwa 1 cm oberhalb der unteren Kante. Das Ende der Kordel zeigt zur Nahtzugabe. Du kannst das Ende mit einem Stückchen Stylefix oder einer Stecknadel fixieren, damit es nicht verrutscht.

3. Katze zusammenstecken
Überprüfe nochmals, dass der Schwanz innerhalb der Umrissmarkierung liegt, damit beim Nähen nur das Ende mitgefasst wird und stecke alles aufeinander.

4. Katze zusammennähen
Nähe die Umrisse der Katze, lass dabei eine Wendeöffnung. Schneide die Nahtzugaben auf 3–5 mm zurück, schneide Rundungen und Ecken ein bzw. ab.

5. Katze wenden
Wende die Katze und male (oder sticke) das Gesicht auf.

6. Katze füllen
Fülle die Katze locker mit Körnern (Füllwatte geht natürlich auch) und schließe die Wendeöffnung mit dem Leiterstich/Matratzenstich (siehe S. 7) von Hand. Wähle dabei besonders kleine Stiche, damit die Körnchen nicht herausfallen und verschluckt werden können.

WOLKENMOBILE

♥ MATERIAL

- passende Stoffreste
- festes Garn zum Aufhängen
- Kopiervorlage Wolkenmobile Wolke (auf 400 % vergrößern) und Wolkenmobile Tropfen (auf 200 % vergrößern) von S. 93
- waschbare Füllwatte aus 100 % Baumwolle oder Polyester

TIPP

Du kannst natürlich auch hier eigene Ideen umsetzen, eine Wolke ist z. B. auch mit Sternen schön! Möglich wäre auch, das Mobile an einem Ast aufzuhängen, den du entweder unbearbeitet lässt, mit Farben bemalst und mit Stoffstreifen umwickelst.

Maße nach Wunsch

♥ LOS GEHT'S

---

1. Motive vorbereiten
Kopiere die Wolkenvorlage auf die gewünschte Größe und schneide sie aus. Fertige eine Schablone für die Regentropfen an.

2. Motive nähen
Lege den Stoff für die Wolke rechts auf rechts aufeinander und markiere den Wolkenumriss mithilfe der Schablone. Zeichne eine Wendeöffnung von 10 cm an der unteren geraden Kante ein. Für die Tropfen legst du ebenfalls die bunten Stoffe rechts auf rechts und markierst die Umrisse sowie eine Wendeöffnung (etwa 3 cm in der Geraden). Stecke beide Stofflagen fest und nähe entlang der Konturen, lass dabei jeweils die Wendeöffnung offen.

Schneide die Formen mit etwa 7 mm Abstand zur Naht aus und schneide die Außenecken zurück und die Innenecken ein.

3. Motive füllen und positionieren
Wende jede Form durch die Wendeöffnung. Fülle die Wolke und die Tropfen mit einer leichten Füllwatte und schließe die Wendeöffnungen mit dem Leiterstich/Matratzenstich (siehe S. 7) von Hand. Lege die Wolke auf den Fußboden und platziere die Tropfen in drei oder vier Reihen. Verbinde alles mit festem Nähgarn und knote die Enden fest. Zur Sicherheit kannst du einen Tropfen klartrocknenden Leim auf die Knötchen geben.

PATCHWORKDECKE

♥ **MATERIAL**
- ca. 350 cm Schrägband
- Vliesofix
- Stylefix
- passender Stoffrest für Katze
- Kopiervorlage Patchworkdecke von S. 92 (auf 290 % vergrößern)
- Garn oder Schnur für Schnurrhaare
- Stoff für Rückseite, 86 × 86 cm
- 9 Stoffquadrate, je 30 × 30 cm
- Kordelrest

Maße nach Wunsch

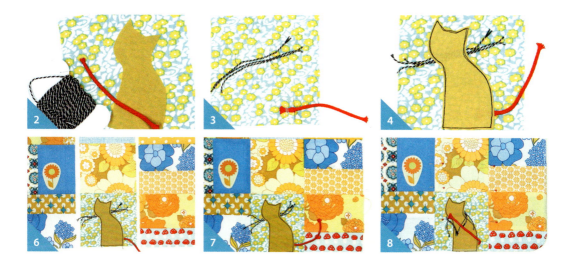

♥ LOS GEHT'S

---

1. Quadrate vorbereiten
Die Decke besteht aus 9 Quadraten, die du gestalten kannst wie du möchtest. So kannst du die Decke kunterbunt und wild gemustert, Ton in Ton oder einfarbig nähen. Du kannst die einzelnen Quadrate aus verschiedenen Stoffstücken patchen oder individuell gestalten, indem du z. B. Motive aufstickst, Namen oder gute Wünsche aufstempelst oder Figuren applizierst.

KATZE

2. Motiv vorbereiten
Bügle Vliesofix auf die Rückseite des Stoffs für die Katze und schneide die Katzenform aus. Lege die Katze kantenbündig auf ein Stoffquadrat, zeichne den Umriss an.

3. Schnurrhaare und Schwanz aufbringen
Klebe innerhalb der Umrissmarkierung zwei kurze Stylefixstreifen auf Höhe der Schnurrhaare und befestige ein paar Schnüre (ca. 25 cm lang). Klebe für den Schwanz ein Stück Kordel fest, halte 2 cm Abstand zur unteren Kante.

4. Katze applizieren
Fixiere die Schnüre mit ein paar engen Geradstichen und bügle die Katzenform auf. Steppe sie mit mehreren Runden engem Geradstich fest.

DECKE

5. Quadrate positionieren
Wenn du die Stoffquadrate vorbereitet hast, geht es ans Stoffe puzzeln. Lege am besten alles auf den Boden und probiere, bis du die schönste Anordnung gefunden hast.

6. Quadrate zusammennähen
Nähe zunächst je 3 Quadrate zu senkrechten Streifen zusammen und bügle die Nahtzugaben auseinander. Nähe dann die Streifen zu einem Quadrat zusammen und bügle auch hier die Nahtzugaben auseinander.

7. Vorder- und Rückseite zusammennähen
Lege den Stoff für die Rückseite und die Deckenoberseite links auf links aufeinander und streiche alles von der Mitte aus glatt. Stecke die Stofflagen aufeinander, stecke an den Nähten entlang eng, damit beim Nähen keine Falten entstehen. Steppe entlang der Nähte zwischen den neun Quadraten. Du kannst auch noch mehr Steppnähte anlegen. Runde mithilfe eines Tellers die Ecken ab.

8. Decke einfassen
Umrunde die Decke einmal mit einem großen Zickzackstich oder einer Overlocknaht. Fasse nun die Decke mit dem Schrägband ein.

NAMENSKISSEN

♥ MATERIAL

- Buchstabenvorlagen in gewünschter Größe
- 2 Stücke gewebter Baumwollstoff, Maße je nach Buchstabengröße (für die Vorder- und Rückseite)
- Gewebter Baumwollstoff, etwa 11 cm breit, Länge je nach Buchstabengröße (für den Rand)
- waschbare Füllwatte aus 100 % Baumwolle oder Polyester
- farblich passendes Nähgarn
- Schneiderkreide oder Trickmarker, Stecknadeln, Schneiderschere, Maßband

Maße nach Wunsch

♥ LOS GEHT'S

1. Vorlage erstellen
Erstelle am Computer eine Buchstabenvorlage oder zeichne sie einfach von Hand. Vergrößere die Vorlage bei Bedarf noch am Kopierer, etwa auf DIN-A3-Format.

2. Schnittteile vorbereiten
Übertrage deine Vorlage zweimal auf die Stoffstücke für Vorder- und Rückseite des Kissens, einmal richtig herum und einmal spiegelverkehrt. Miss die Außenkante der Buchstabenform ringsherum mit dem Maßband ab. Schneide den 11 cm breiten Stoffstreifen in der gemessenen Länge + 5 cm zu. Miss ggf. auch im Buchstaben liegende Kanten ab (wie z. B. beim Buchstaben „a") und schneide auch hierfür entsprechend lange (+ 5 cm) Stoffstreifen zu.

3. Nahtlinie anzeichnen
Zeichne zunächst die Linie, auf der du später nähen wirst, auf der linken Stoffseite der beiden Buchstabenformen an – 0,5 cm vom Rand entfernt.

4. Inneren Rand feststecken
Lege die obere Buchstabenform, die später die Vorderseite wird, so vor dich hin, dass die rechte Stoffseite nach oben zeigt. Lege anschließend den Stoffstreifen für die im Buchstaben liegende Kante rechts auf rechts auf den Stoff und stecke ihn ringsherum gut fest.

5. Inneren Rand annähen
Dabei stülpst du den Stoff der Buchstabenform in die rechte Stoffseite des Stoffrings. Schließe nun zuerst die kurze Seite des Stoffrings und nähe dann den Stoffring an die Buchstabenform an.

6. Äußeren Rand feststecken
Lege nun den Stoffstreifen für den äußeren Rand des Buchstabens an und stecke ihn ringsherum gut fest. Alle Biegungen und Ecken des Buchstabens schneidest du 0,5 cm innerhalb der Nahtzugabe ein, sodass diese sich geschmeidig um die Ecken legen lässt.

7. Rand zusammennähen
Wenn du den Stoff ringsherum festgesteckt hast, nähe zunächst die kurzen Kanten des Randstreifens zusammen.

8. Rand annähen
Nähe anschließend den Randstreifen an den Buchstaben an, nähe dabei auf der eingezeichneten Linie. Dann schneidest du den Randstreifen auf der gegenüberliegenden Seite an allen Ecken und Biegungen mit kurzen Schnitten ein.

9. Rückseite annähen
Stecke dann die zweite Buchstabenform rechts auf rechts an den äußeren Randstreifen (orientiere dich dabei an den eben gemachten Einschnitten) und nähe sie fest.

10. Kissen wenden und füllen
Wende das Buchstabenkissen auf rechts, ziehe den inneren Randstreifen nach oben und schlage ihn zur linken Stoffseite hin um. Stecke ihn anschließend an die Buchstabenform und nähe die beiden Teile von rechts mit dem Leiterstich/Matratzenstich (siehe S. 7) zusammen, lass dabei eine etwa 10 cm lange Füllöffnung. Fülle den Buchstaben mit Füllwatte und schließe die Öffnung mit dem Matratzenstich.

BEISSKISSEN

Maße nach Wunsch

♥ MATERIAL

- Baumwollstoff in Hellblau mit weißem Chevronmuster, 40 × 26 cm
- Filz für Applikation (0,9 mm stark),
  3 × 3 cm in Rosa
  2 × 2 cm in Schwarz
- Volumenvlies, aufbügelbar (z. B. Vlieseline H630): 15 × 16 cm
- waschbare Füllwatte aus 100 % Baumwolle oder Polyester
- Trickmarker, wasserlöslich
- Garn in Weiß, Rosa und Schwarz
- Kühlkissen (13 × 14 cm groß)
- Kopiervorlage Beißkissen von S. 95

♥ ZUSCHNITT

- Schneide die Teile nach der Kopiervorlage bzw. nach den angegebenen Maßen zu. Alle Kopiervorlage enthalten bereits 1 cm Nahtzugabe. Bitte achte auf die Musterrichtung und den Fadenlauf. Übertrage alle Markierungen.

- **Aus dem Baumwollstoff:**
  1 × Vorderteil mit 15 × 16 cm
  2 × Rückteil mit je 15 × 12 cm
  4 × Kopiervorlage Beißkissen Bein
  4 × Kopiervorlage Beißkissen Arm
  4 × Kopiervorlage Beißkissen Ohr

- **Aus dem Filz:**
  1 × Kopiervorlage Beißkissen Nase in Rosa
  2 × Kopiervorlage Beißkissen Auge in Schwarz

- **Aus dem Volumenvlies:**
  1 × Vorderteil mit 15 × 16 cm

♥ LOS GEHT'S

1. Beine, Arme und Ohren nähen
Lege zwei Beinteile rechts auf rechts aufeinander, stecke sie fest, und nähe sie bis auf die Wendeöffnung am Beinansatz mit weißem Garn zusammen. Schneide an der Rundung vorsichtig kleine Keile aus der Nahtzugabe heraus. Drehe das Bein durch die Öffnung auf rechts und schiebe die Rundungen und Kanten nach außen. Stopfe das Bein mit etwas Füllwatte aus. Fertige auf diese Weise auch das zweite Bein, die Ohren und die Arme.

2. Rückseiten vorbereiten
Versäubere eine der Längskanten an einem Rückteil mit Zickzackstich. Bügle diese Kante dann 1 cm nach links um und steppe sie mit Geradstich fest. Wiederhole diesen Schritt am zweiten Rückteil.

3. Gesicht aufbringen
Bügle auf die linke Seite des Vorderteils das Vlies auf. Lege die Nase mittig auf das Vorderteil, stecke sie fest und nähe sie mit rosa Garn knappkantig auf. Stecke die Augen seitlich schräg darüber fest und nähe sie mit schwarzem Garn auf. Male die Schnauze mit Trickmarker auf und nähe diese Linien mit schwarzem Garn ein paar Mal nach. Entferne den Trickmarker ggf. mit Wasser.

4. Schnittteile zusammennähen
Lege das Vorderteil mit den Applikationen nach oben auf die Arbeitsfläche und stecke Beine, Arme und Ohren jeweils mit der offenen Kante bündig wie folgt darauf fest: Ohren und Beine an den oberen bzw. unteren Rand mit 3,2 cm Abstand zur nächsten Ecke, Arme an den beiden Seiten mit 5,7 cm Abstand zur oberen Ecke. Stecke die Teile mit den Nadelköpfen nach außen fest. Lege die Rückteile rechts auf rechts so darauf, dass die gesteppten Seiten sich mittig und quer überlappen. Stecke oder klammere alles fest und nähe die Teile mit weißem Garn ringsum zusammen.

5. Ecken zurückschneiden
Schneide die Nahtzugaben an den Ecken schräg ab, achte darauf, die Naht nicht zu beschädigen.

6. Hülle wenden
Drehe die Hülle durch die Öffnung nach rechts. Schiebe die Ecken und Nähte nach außen und bügle sie (die wattierten Teile sollten dabei nicht flach gedrückt werden).

7. Kühlkissen einlegen
Lege das Kühlkissen in die Hülle ein, dann ist das Beißkissen bereit für den ersten Einsatz.

WOLKENTUCH

Maße nach Wunsch

♥ MATERIAL
- 2 Stücke Biostoff, je 20 × 25 cm
- einige Bänder oder Labels, möglichst Biostoff
- Kopiervorlage Wolkentuch von S. 92

♥ ZUSCHNITT
- Lege beide Stoffe rechts auf rechts aufeinander. Schneide das Wolkentuch in doppelter Stofflage zu, sodass zwei spiegelverkehrte Teile entstehen. Schneide die Bänder auf ca. 8 cm Länge zu.

♥ VARIANTE
- Füttere dein Wolkentuch mit Bio-Futterwatte oder nähe ein Knistertuch zwischen beide Stofflagen ein.

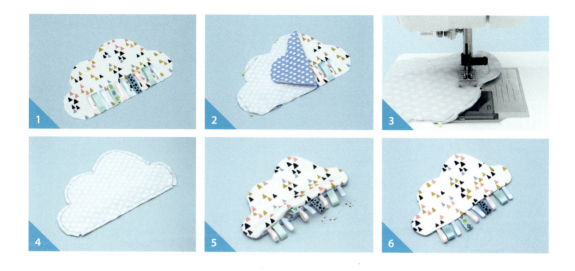

♥ LOS GEHT'S

---

1. Bänder annähen

Falte die Bänder mit der rechten Seite nach außen und lege sie bündig mit der offenen Seite an die untere Stoffkante eines Wolkenteils. Probiere ruhig ein bisschen aus, bis dir die Anordnung gefällt. Fixiere dann die Bänder mit einem Geradstich knappkantig am unteren Rand, damit die Hilfsnaht später in der Nahtzugabe verschwindet.

2. Schnittteile zusammenstecken

Stecke das zweite Wolkenteil rechts auf rechts darauf. Du kannst jetzt eine Knistereinlage oder eine Extraschicht Fleece mit einarbeiten. Die Einlage kommt auf die obere Stofflage. Stecke dann alles mit Stecknadeln oder Klammern zusammen.

3. Tuch zusammennähen

Nähe beide Wolken mit einer dehnbaren Naht, z. B. mit dem Dreifach-Geradstich, aneinander, beginne dabei an der unteren Geraden. Wenn du an einer Ecke ankommst, versenke die Nadel im Stoff, hebe den Nähfuß an und drehe den Stoff in dieser Position. Senke dann den Nähfuß wieder ab und nähe in die geänderte Richtung bis zur nächsten Ecke. Lass an der unteren Seite eine 4–5 cm lange Wendeöffnung. Keine Sorge um die Bänder, die im Bereich der Öffnung sind – nach dem Wenden werden sie nochmals fixiert.

4. Tuch wenden

Schneide die Nahtzugabe auf ca. 3 mm zurück und schneide an den Ecken kleine Keile ein. Wende das Tuch durch die Öffnung hindurch auf die rechte Seite.

5. Wolke ausformen

Forme die Rundungen mit dem Ecken- und Kantenformer oder alternativ mit einem Kochlöffel gut aus. Klappe die Nahtzugabe der Wendeöffnung nach innen, achte dabei darauf, dass die Bänder in diesem Bereich gerade liegen. Bügle die Wolke anschließend. Mit etwas Füllwatte wird aus dem Kuscheltuch ein Wolkenkissen.

6. Wendeöffnung schließen

Schließe zum Schluss die Öffnung mit dem Leiterstich/Matratzenstich (siehe S. 7) von Hand. Fertig! Nun kann die Wolke mit ins Babybettchen oder den Kinderwagen. Die Bänder und die interessanten Knister- und Raschellaute laden zum Spielen ein. Und wenn dann genug gespielt ist, bringt die Wolke auf ihren weichen Schwingen süße Babyträume.

SCHÜHCHEN

Maße nach Wunsch

♥ MATERIAL
- Sweat oder Fleece, 25 cm
- Bündchenstoff, 20 cm
- evtl. Sockenstopper-Flüssigkeit
- Kopiervorlage Schühchen von S. 95 und 96

♥ ZUSCHNEIDEN
- 2 x Kappe (im Stoffbruch)
- 2 x Sohle (gegengleich)
- 2 x Bündchen

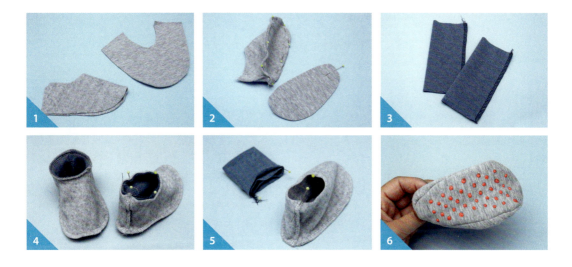

♥ LOS GEHT'S

1. Kappe zusammennähen
Falte die Kappe rechts auf rechts am Stoffbruch und nähe sie an der Ferse mit einem Versäuberungsstich zusammen. Dafür eignet sich ein Overlock- oder Zickzackstich, je nachdem, an was für einer Maschine du arbeitest. Stelle den Stich nicht zu breit ein, sonst wird die Naht zu wuchtig und das Schühchen könnte an der Ferse drücken.

2. Sohle annähen
Stecke die Sohle rechts auf rechts an die Kappe. Beginne mit der hinteren Markierung, diese trifft auf die Fersennaht. Stecke dann die Sohle gleichmäßig weiter fest und nähe sie mit einem Versäuberungsstich an. Wiederhole die Schritte 1 und 2 mit dem zweitem Schuh. Jetzt ist der Hauptteil der Schühchen schon fertig.

3. Bündchen zusammennähen
Falte die Bündchen rechts auf rechts entlang des Fadenlaufs und nähe sie mit einem Versäuberungsstich zum Schlauch zusammen.

4. Bündchen formen
Falte das Bündchen quer zur Hälfte und stülpe es dabei so ineinander, dass ein doppellagiger Schlauch entsteht; die rechte Stoffseite liegt dabei außen. Markiere die Nähte im Bündchen und an der Öffnung des Schuhs mit einer Nadel. Setze auf der gegenüberliegenden Seite auch jeweils eine Nadel, somit sind die beiden Rundungen halbiert.

5. Bündchen annähen
Stecke das Bündchen mit der Faltkante nach unten in den Schuh hinein, dabei trifft die Bündchennaht auf die Naht des Schuhs. Stecke das Bündchen gleichmäßig fest und nähe es mit einem Versäuberungsstich ein. Wende die Schühchen. Für Babys, die noch nicht krabbeln, sind die Schühchen jetzt schon fertig. Viel Spaß damit!

6. Antirutsch-Beschichtung aufbringen
Für größere Kinder versiehst du den Schuh mit einer Antirutsch-Beschichtung. Stopfe dazu die Schühchen mit Zeitungspapier aus und trage dann die Gummiflüssigkeit in Tupfen oder Linien in einem gleichmäßigen Muster auf. Besonders süß sieht übrigens farbige Antirutsch-Beschichtung aus. Lass die Schühchen mit der Gummiflüssigkeit vor der ersten Benutzung mindestens 4 Stunden trocknen.

KOPIERVORLAGEN

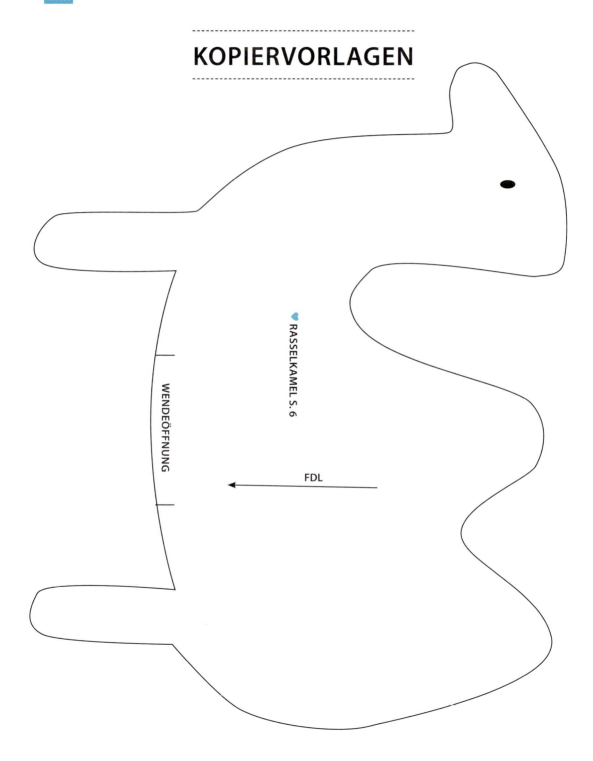

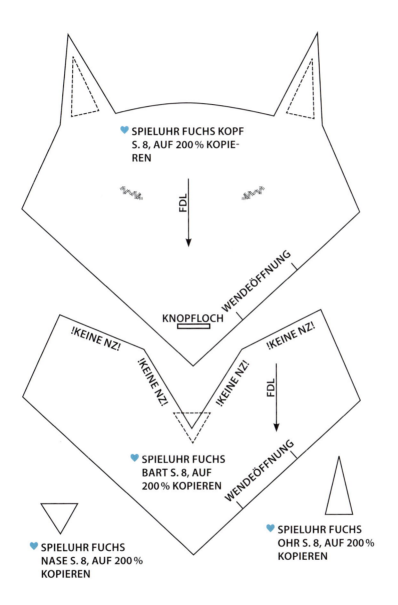

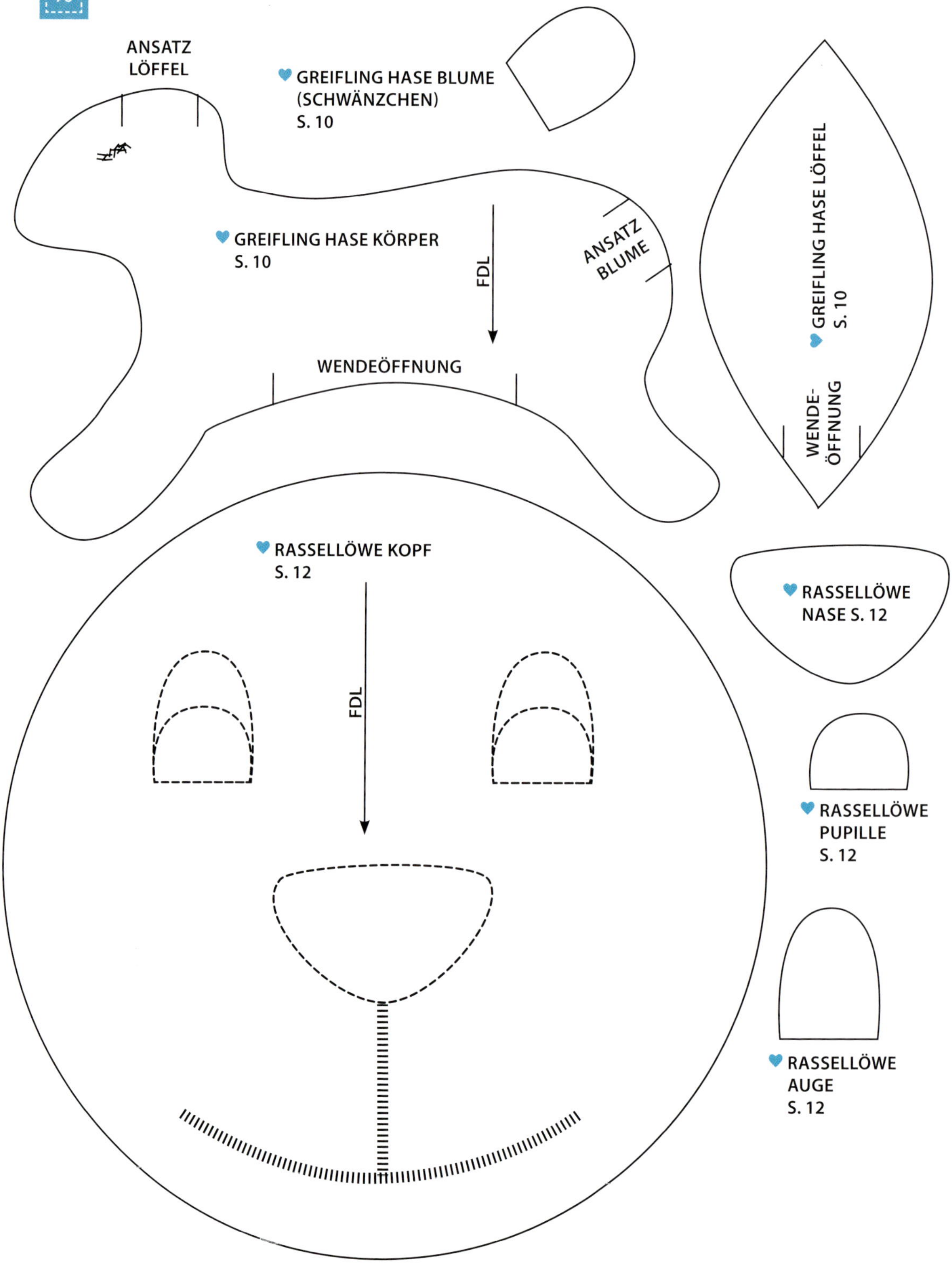

ANSATZ
LÖFFEL

♥ GREIFLING HASE BLUME
(SCHWÄNZCHEN)
S. 10

♥ GREIFLING HASE KÖRPER
S. 10

FDL

ANSATZ
BLUME

GREIFLING HASE LÖFFEL
♥ S. 10

WENDE-
ÖFFNUNG

WENDEÖFFNUNG

♥ RASSELLÖWE KOPF
S. 12

FDL

♥ RASSELLÖWE
NASE S. 12

♥ RASSELLÖWE
PUPILLE
S. 12

♥ RASSELLÖWE
AUGE
S. 12

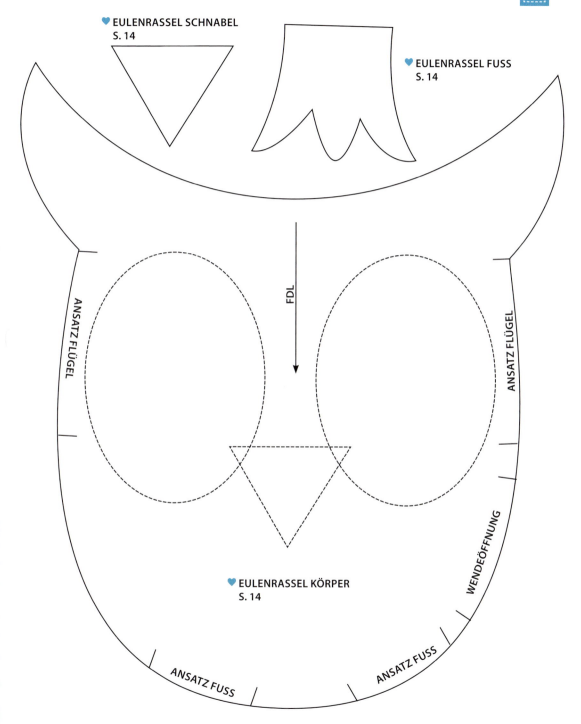

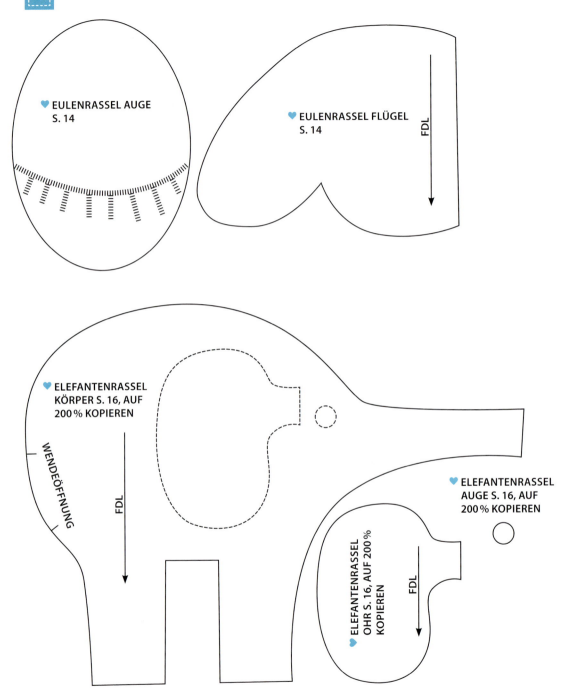

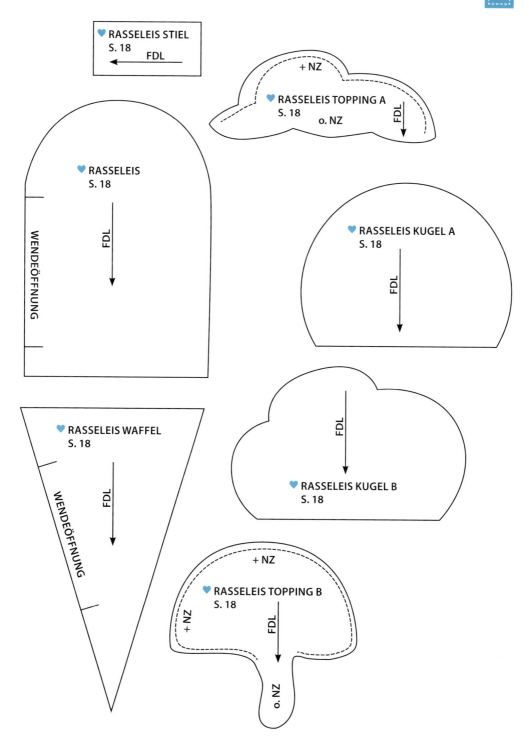

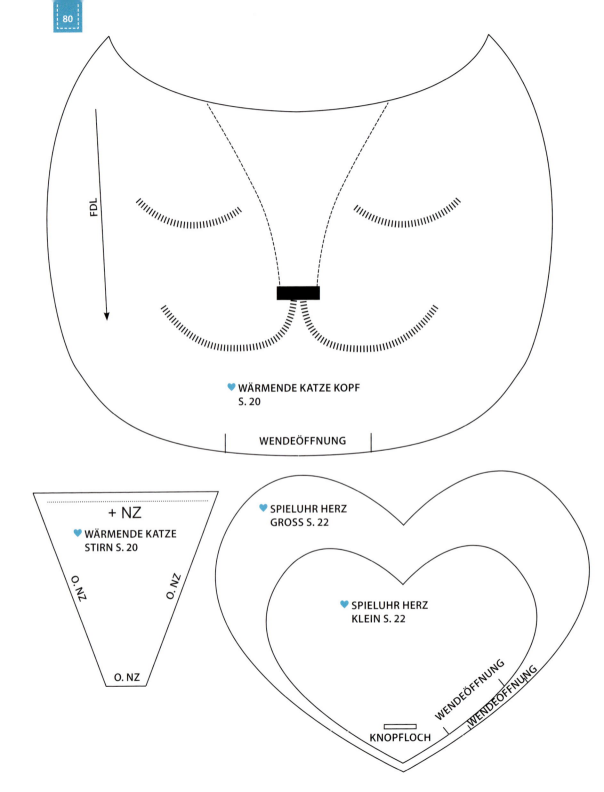

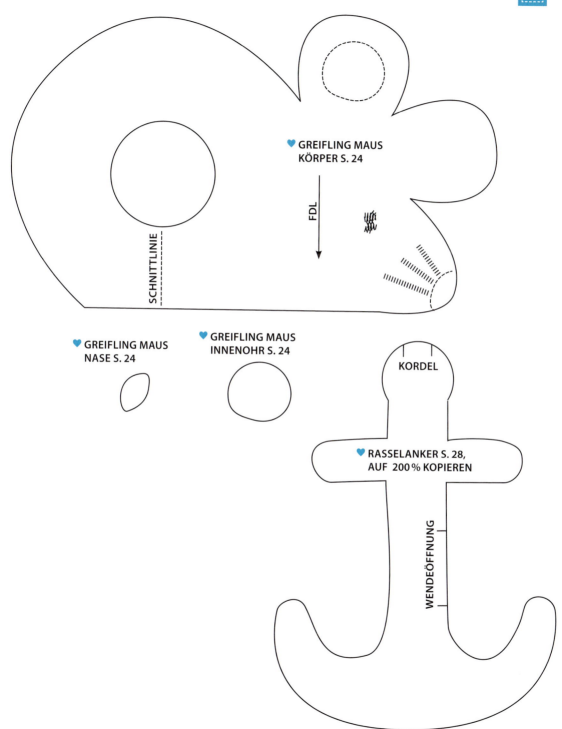

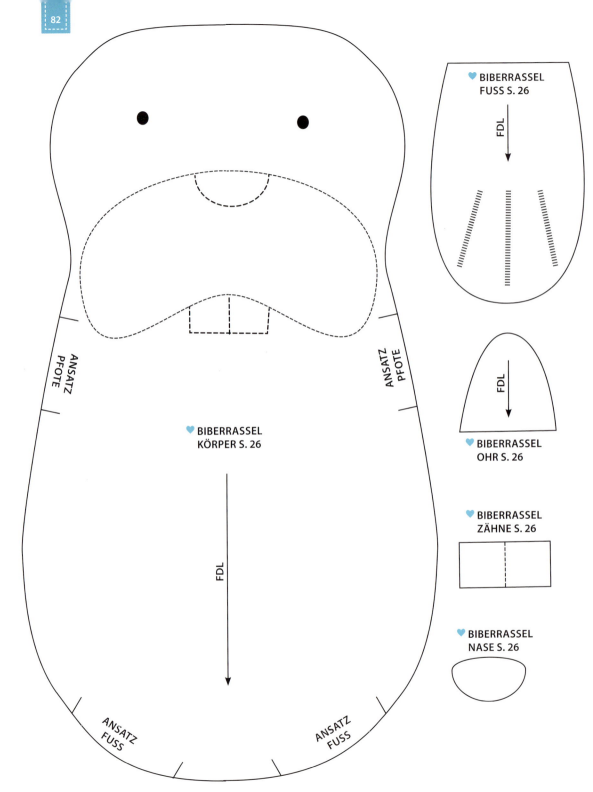

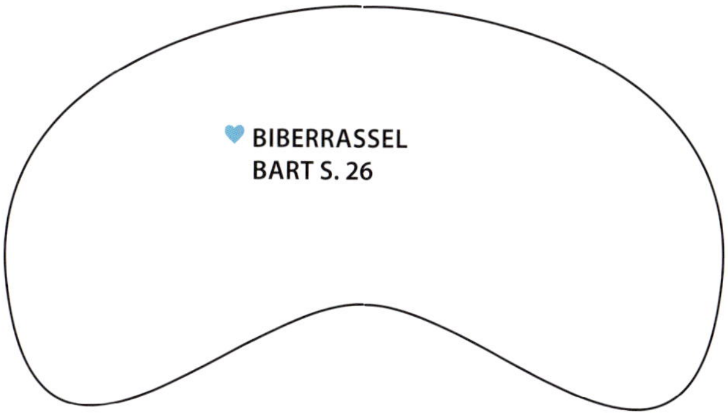

♥ BIBERRASSEL
BART S. 26

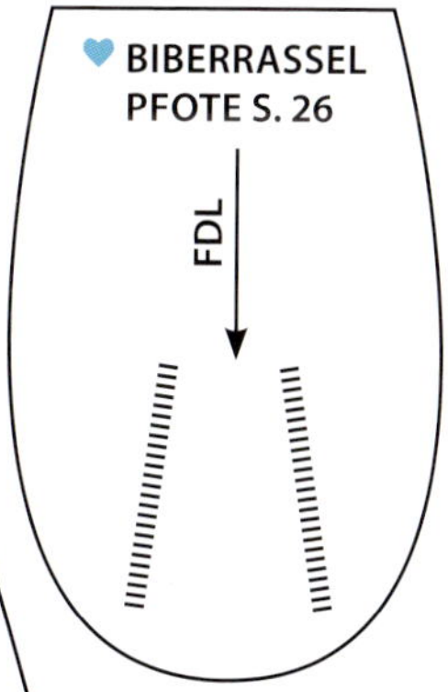

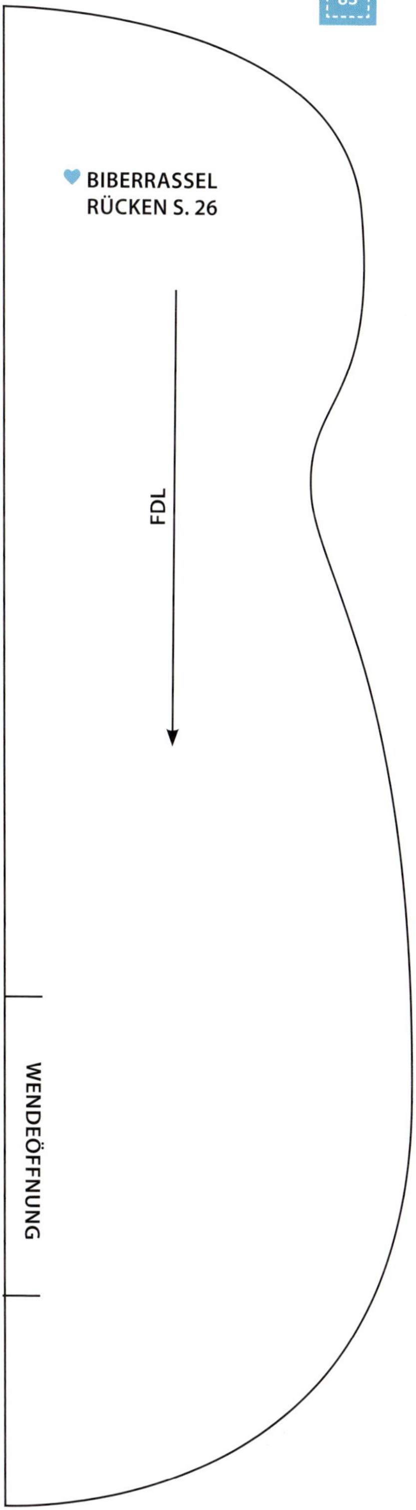

♥ BIBERRASSEL
RÜCKEN S. 26

FDL

♥ BIBERRASSEL
PFOTE S. 26

FDL

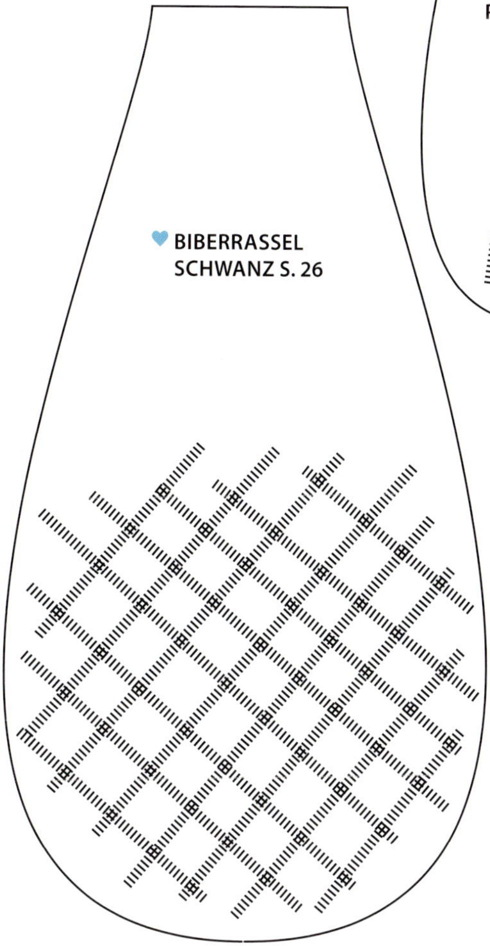

♥ BIBERRASSEL
SCHWANZ S. 26

WENDEÖFFNUNG

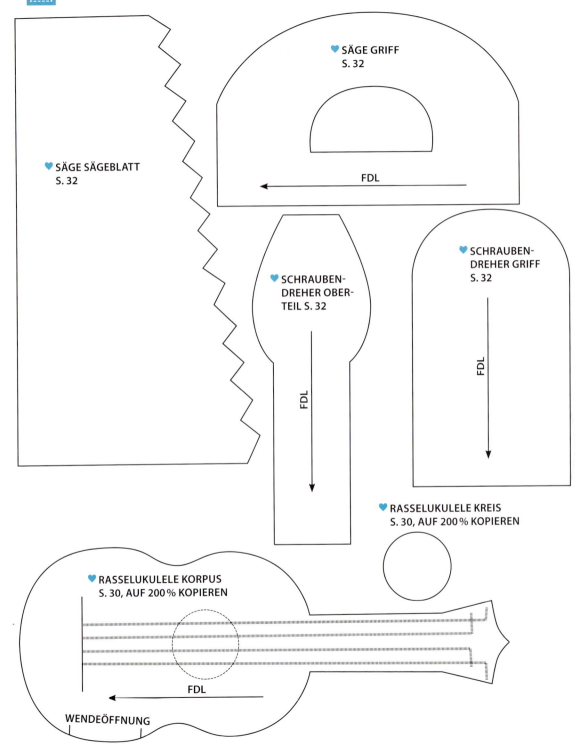

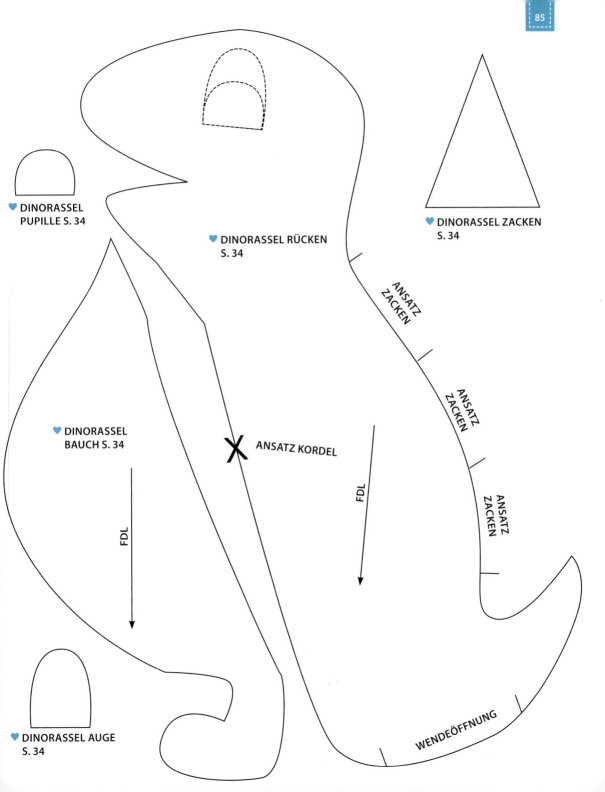

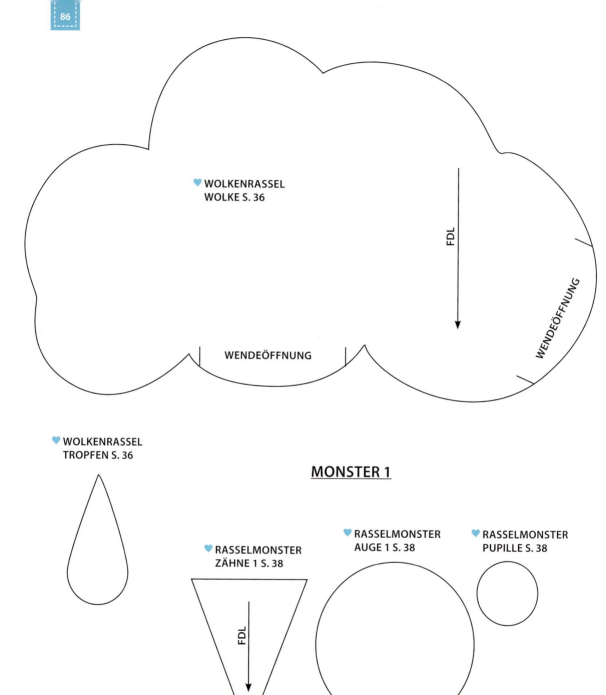

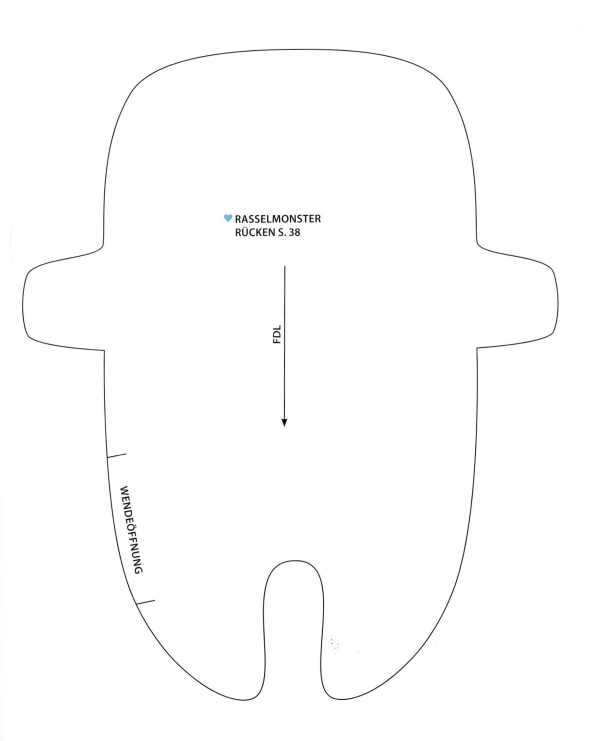

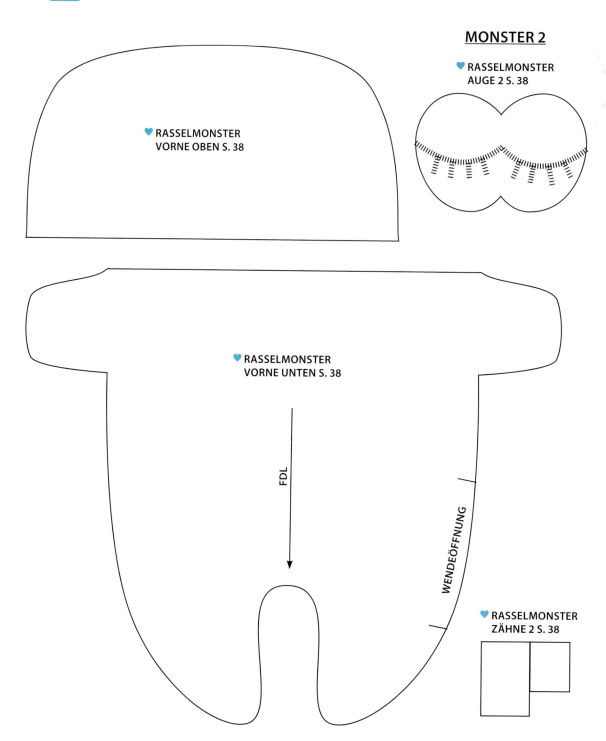

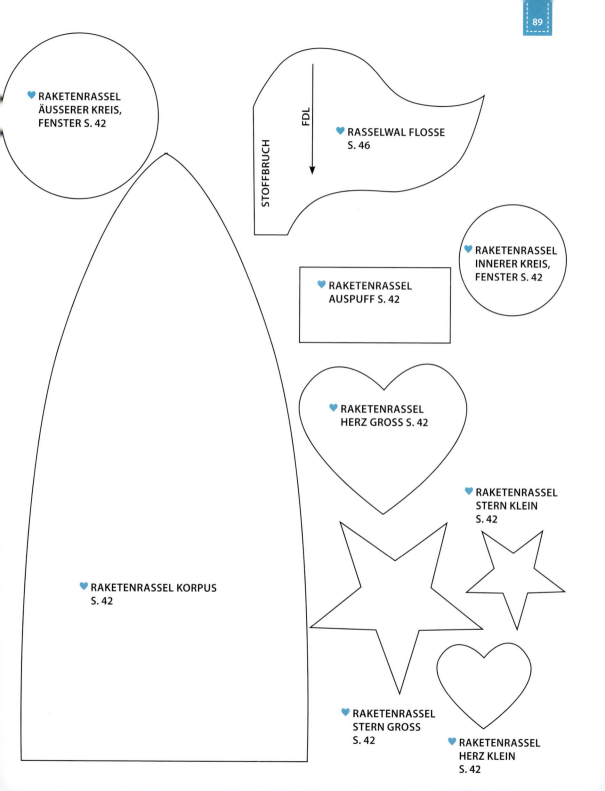

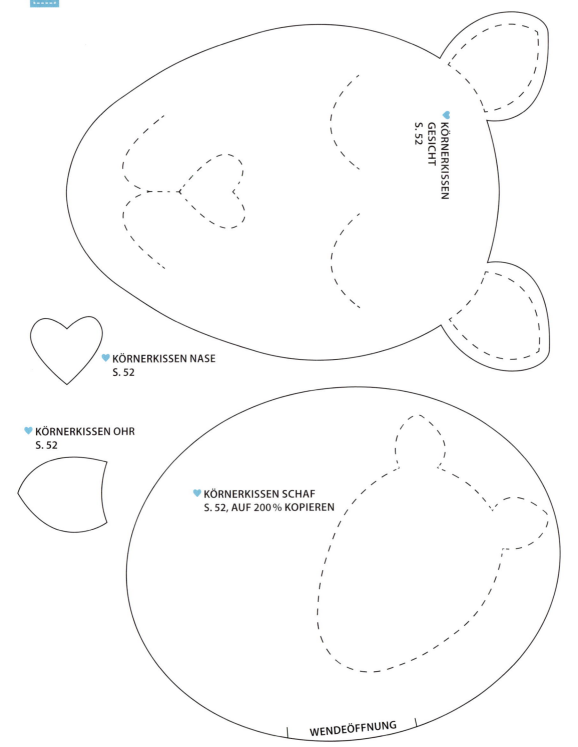

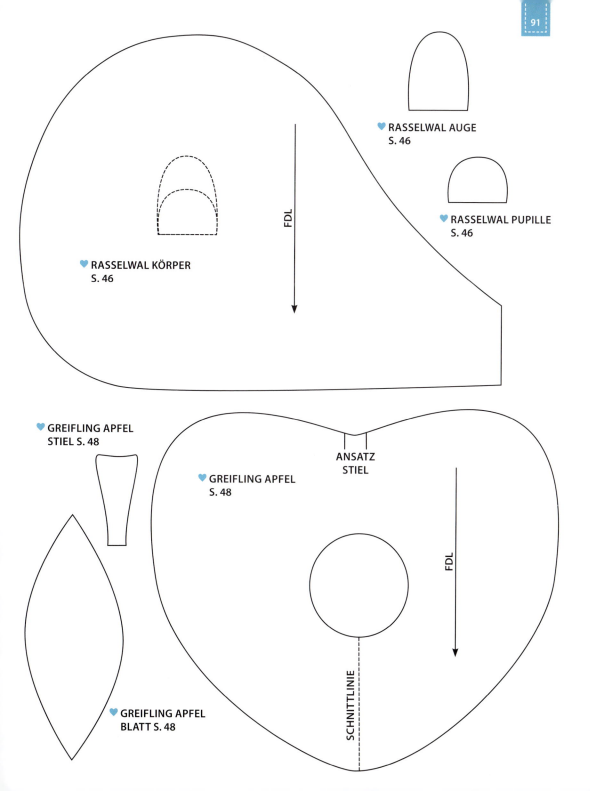

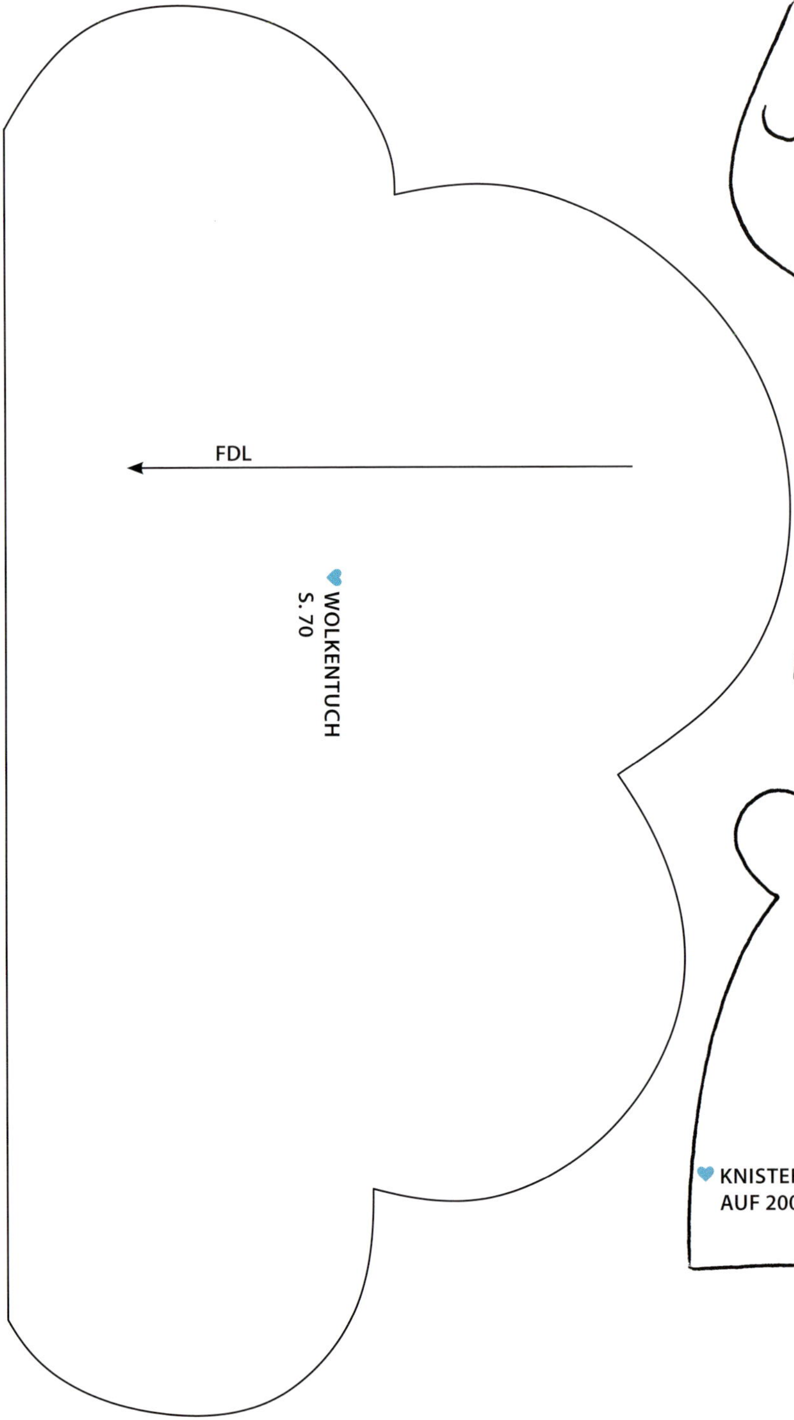

FDL

♥ WOLKENTUCH
S. 70

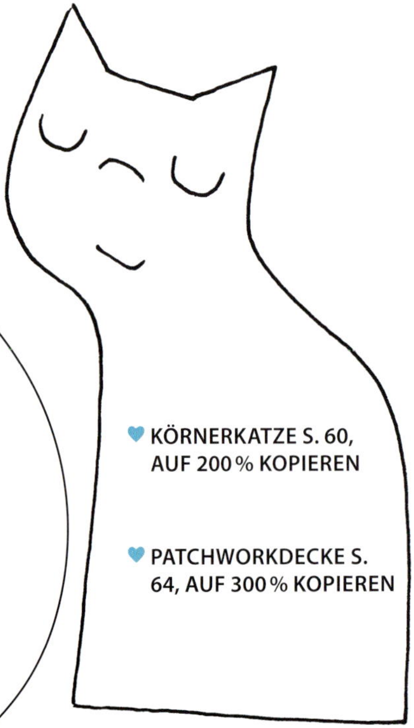

♥ KÖRNERKATZE S. 60,
AUF 200 % KOPIEREN

♥ PATCHWORKDECKE S.
64, AUF 300 % KOPIEREN

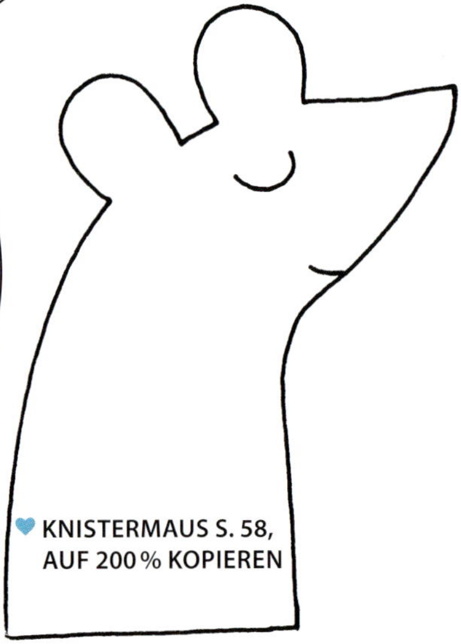

♥ KNISTERMAUS S. 58,
AUF 200 % KOPIEREN

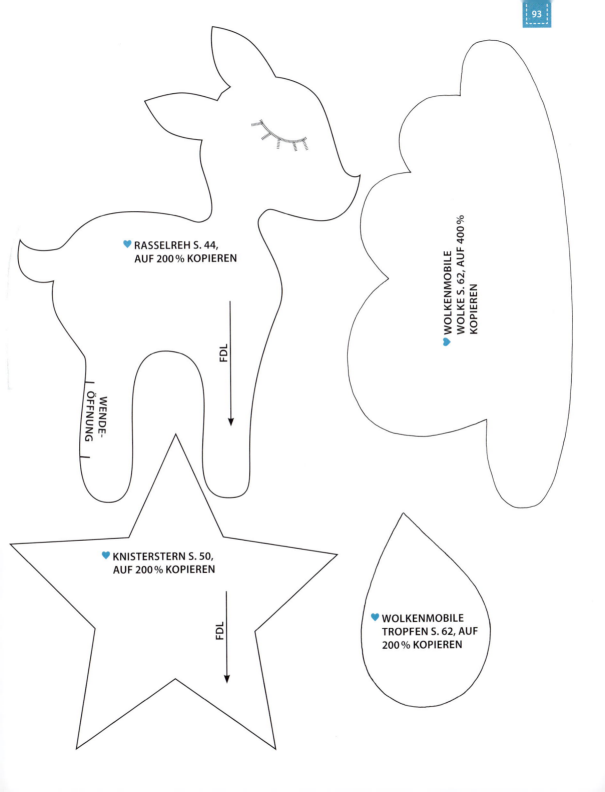

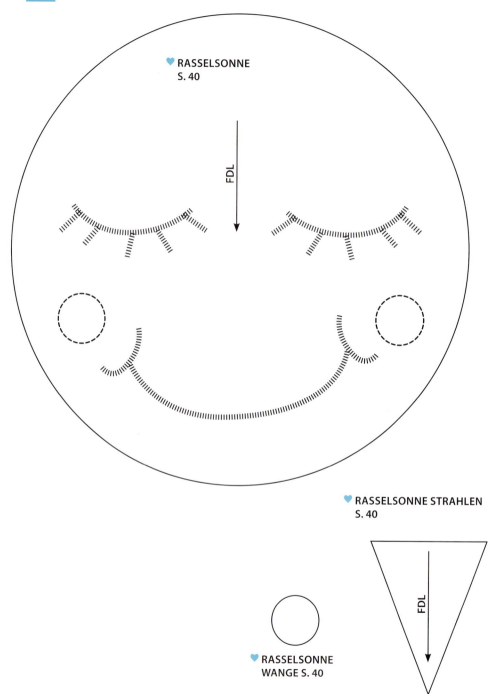

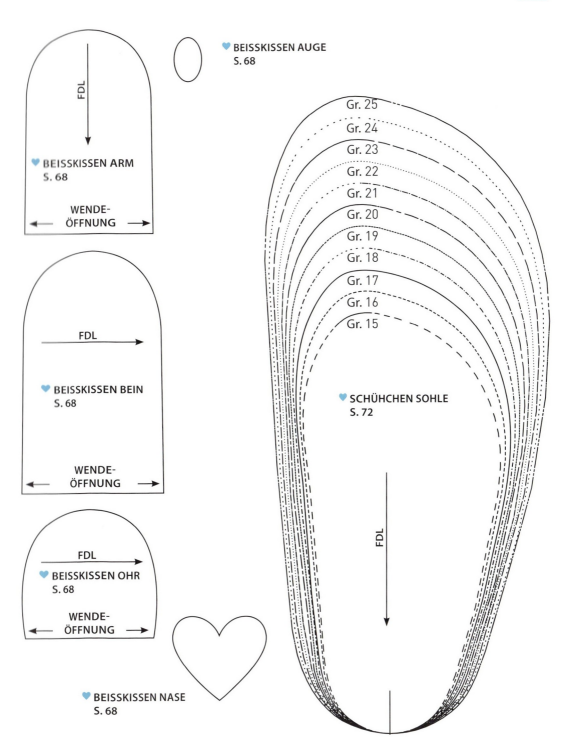

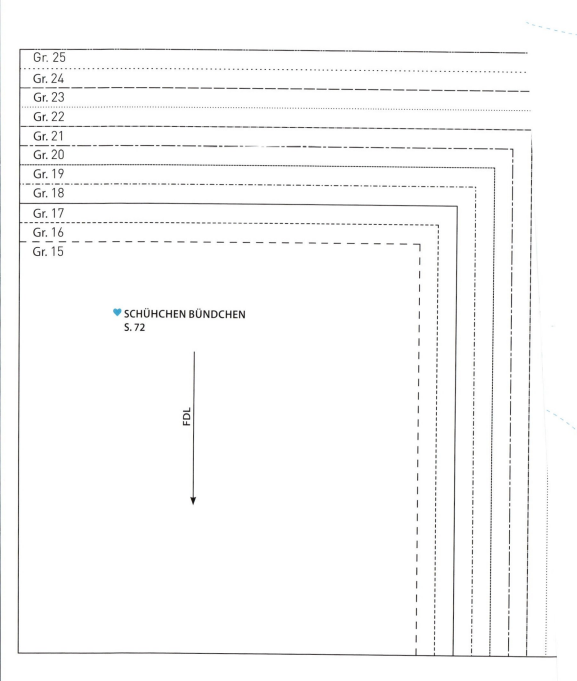